CHARLES de FOUCAULD

O irmãozinho de Jesus

Jean-François Six

CHARLES de FOUCAULD

O irmãozinho de Jesus

Editado por Jürgen Rintelen

Dados Internacionais de Catalogação na Publicação (CIP)
(Câmara Brasileira do Livro, SP, Brasil)

Six, Jean-François
Charles de Foucauld : o irmãozinho de Jesus / Jean-François Six ;
[tradução Monika Ottermann]. – São Paulo : Paulinas, 2008. – Coleção
luz do mundo)

Título original : Charles de Foucauld : Der kleine Bruder Jesu

Bibliografia.
ISBN 978-85-356-2122-8
ISBN 3-451-28833-8 (ed. original)

1. Espiritualidade 2. Foucauld, Charles de, 1858-1916 3. Santidade
4. Vida cristã I. Título. II. Série.

07-7467   CDD-270.092

Índice para catálogo sistemático:
1. Santos cristãos : Vida e obra 270.092

Título original: *Charles de Foucauld – Der kleine Bruder Jesu*
© Jean-François Six, Charles de Foucauld edited by Jürgen Rintelen
© Verlag Herder, Freiburg im Breisgau, 2005
Fotos e ilustrações: Arquivo Heder, com exceção das pp. 26, 31,
40, 42, 81, 102, 104, 105, 106: Helmuth Nils Loose

Direção-geral: *Flávia Reginatto*
Editora responsável: *Luzia M. de Oliveira Sena*
Assistente de edição: *Andréia Schweitzer*
Tradução: *Monika Ottermann*
Copidesque: *Anoar Jarbas Provenzi*
Coordenação de revisão: *Marina Mendonça*
Revisão: *Ruth Mitzuie Kluska e Leonilda Menossi*
Direção de arte: *Irma Cipriani*
Gerente de produção: *Felício Calegaro Neto*
Imagem de capa: *Charles de Foucauld em*
Bêni Abbês (1901-1905)
Capa: *Telma Custódio*
Editoração eletrônica: *Fama Editora*

Nenhuma parte desta obra poderá ser reproduzida ou transmitida
por qualquer forma e/ou quaisquer meios (eletrônico ou mecânico,
incluindo fotocópia e gravação) ou arquivada em qualquer sistema de
banco de dados sem permissão escrita da Editora. Direitos reservados.

Paulinas
Rua Pedro de Toledo, 164
04039-000 – São Paulo – SP (Brasil)
Tel.: (11) 2125-3549 – Fax.: (11) 2125-3548
http://www.paulinas.org.br – editora@paulinas.com.br
Telemarketing: 0800-7010081
© Pia Sociedade Filhas de São Paulo – São Paulo, 2008

PREFÁCIO

Charles de Foucauld — muitas pessoas já ouviram esse nome, mas freqüentemente permanece vago o que ele significa. Em todo caso, não é aquele Foucault do pêndulo. Foucauld cresce numa época de grandes reviravoltas intelectuais. Aos seis anos, já órfão, vai viver com os avós. Aos doze anos, precisa fugir com a família e com muitas outras pessoas: pouco depois do início da Guerra Franco-alemã, Estrasburgo, sua cidade natal, e toda a Alsácia e Lorena são ocupadas por tropas alemãs e depois anexadas à Alemanha. Em Versalhes, o rei Guilherme II da Prússia é declarado imperador alemão. Essa humilhação da França ferve nos jovens e em todos os patriotas — é claro que Charles se torna soldado, como seu avô. Mas bem abastado e inteiramente autofocalizado, ele procura aquilo que poderia dar um sentido à vida, em todas as variantes, até o excesso.

Hoje, ele está entre as grandes figuras espirituais da Igreja Católica. A data de sua beatificação já estava marcada quando o papa João Paulo II morreu. Contudo, isso teria interessado Charles tão pouco como, em 1885, a medalha de ouro da Sociedade Geográfica de Paris, que nem foi receber pessoalmente.

O que tinha acontecido? Ele sentia nojo das guarnições. Mas durante uma campanha no norte da Argélia ele tornou-se um oficial estimado. E chegou a conhecer bem o deserto e o comportamento dos muçulmanos. Seu agnosticismo total começou a ceder à pergunta sobre se não havia, porventura, algo de mais válido. Fim de campanha, fim de carreira. Colocado sob tutela, ele realizou uma façanha: a exploração do interior de Marrocos. Sendo a região um tabu para os europeus, ele viajou como o pobre "rabino Aleman". Dois resultados: a medalha de ouro e finalmente a oração estranha: "Deus, se tu existes, faze com que eu te conheça!".

Depois o ponto de virada: em vez de dar-lhe informações sobre a religião, um padre de Paris escuta sua confissão e o manda imediatamente comungar, e depois de algum tempo seguir os rastros de Jesus na Palestina. Ali, a aldeia de Nazaré se torna uma revelação para Charles. O resto de sua vida torna-se uma única procura de como poder viver "Nazaré" e levar o amor singelo de seu novo mestre a pessoas que não são acessíveis a uma missão direta.

Charles de Foucauld fica sozinho. Em 1916, durante a Primeira Guerra Mundial, é assaltado em Tamanrásset, na Argélia, roubado e baleado, numa reação de pânico. Uma morte não intencionada, no fundo absurda, como tantas outras.

Um pequeno grupo de amigos, na França, meio disperso, fica resignado: "Parecia que Deus tinha chamado Charles de Foucauld para algo especial. E, agora, sua morte destruiu tudo". Somente um, Louis Massignon, não aceita essa interpretação. E hoje em dia, muitos cristãos e cristãs em todos os continentes seguem seus passos, nas mais variadas situações de vida e profissões.

Portanto, uma vida pode encontrar seu destino verdadeiro também depois de uma juventude totalmente desperdiçada.

Por ocasião do anúncio de sua beatificação, a editora queria tornar acessível um livro publicado em 1981, acrescido de fotos e com cara nova. Pediram-me que eu retrabalhasse o texto cuidadosamente, com base nos novos conhecimentos sobre Charles de Foucauld, e que revisasse a tradução. Aceitei esse pedido com muito gosto, e agradeço tanto ao meu "antigo conhecido" Jean-François Six, em Paris, quanto à editora, pelo generoso apoio ao meu trabalho.

Lochham, abril de 2005

Jürgen Rintelen

Retrato de infância de Charles.

Capítulo 1

PERDA

Um órfão que precisa emigrar

Charles de Foucauld tem doze anos quando começa, em 1870, a guerra entre a França e a Prússia. Ele mora em Estrasburgo, na casa de seus avós. Seu avô, Beaudet de Morlet, é um coronel reformado. Eles presenciam a derrota de Sedan e a invasão do inimigo em sua pátria. Para o menino, tudo isso tem um impacto tremendo. Além disso, a França se torna república. Sua família é monarquista e rejeita esta forma de governo.

Depois do armistício e do acordo de paz, Alsácia e Lorena tornam-se territórios alemães. Pouco depois do início da guerra, Morlet fugiu de Estrasburgo; agora, opta pela nacionalidade francesa e se muda para Nancy. Portanto, Charles de Foucauld se torna um emigrante; precisa deixar a cidade onde nasceu em 15 de setembro de 1858. Ele se sente humilhado e machucado pela derrota de sua pátria. Sente saudade dos lugares de sua infância.

Seu avô inculca nele os desejos de vingança e a esperança de reconquistar, algum dia, a cidade de Estrasburgo. Mas até sua morte, em 1916, Charles de Foucauld jamais voltaria a Estrasburgo, nem veria sua terra natal, a Alsácia, voltar a ser francesa.

Esse menino emigrante é também órfão. Sua mãe morre em março de 1864, quando Charles tem cinco anos

A casa onde nasceu Charles de Foucauld, em Estrasburgo.

e meio; seu pai morre em agosto do mesmo ano. Mas já em 1863 seus pais precisaram se separar, pois o Senhor de Foucauld, funcionário da guarda florestal, adoeceu de uma doença misteriosa que nem os melhores médicos de uma clínica em Paris souberam diagnosticar. Faleceu em Paris, sem voltar a ver seus filhos. A mãe tinha procurado abrigo com seus pais em Estrasburgo e faleceu ali aos trinta e cinco anos, aparentemente com problemas de saúde hereditários; no registro de óbito consta "neuralgia". Charles e sua irmã Marie, três anos mais nova que ele, ficaram com seus avós maternos, os de Morlets.

Certamente, as famílias de Foucauld e de Morlet são abastadas. Em termos materiais, o menino e a menina não carecem de nada, e os avós os mimam com um amor transbordante. Porém, desde a morte dos seus pais, Charles se torna taciturno e vive num mundo de sonhos. As feridas da infância estarão sempre presentes na sua vida.

A saída do filho pródigo

Em abril de 1872, Charles faz a primeira comunhão. Participa da celebração também uma das suas primas, Marie Moitessier, filha de Inês Moitessier, irmã de seu pai. Inês era uma mulher muito bela, pintada por Ingres. Mas também uma mulher que sabia o que queria; enfim, foi uma de Foucauld destemida, e a cabeça verdadeira da família. Marie é oito anos mais velha que Charles, inteligente e amável, e cerca seu jovem primo de atenção. Como presente de sua primeira comunhão, ela lhe dá os *Elévations sur les Mystères* (Elevação aos Mistérios) de Bossuet. Mais tarde, na ocasião de sua conversão, este livro terá sua importância. Durante as férias ele a encontra novamente, na propriedade dos Moitessiers, perto de Évreux. Charles sente uma forte atração por Marie; tendo uma natureza de conquistador, gostaria de vê-la freqüentemente. Para ele, ela é como uma irmã mais velha, até como uma segunda mãe.

Contudo, em abril de 1874, Marie Moitessier se casa com Olivier de Bondy. Charles se sente rejeitado e rejeita futuros contatos. Ele, que até aquele mo-

Charles com sua mãe, Marie-Elisabeth de Foucauld, e sua irmã Marie.

Charles e sua irmã, fantasiados.

mento era um aluno estudioso, torna-se preguiçoso. O fato de passar, aos quinze anos — com permissão particular —, com facilidade pela pré-fase das provas finais do ensino médio deve-se à sua inteligência e sua formação e cultura geral. Porém, não quer iniciar nenhum estudo regular. Ele lê muito, apaixona-se por Montaigne e Voltaire e torna-se um cético. Está interessado nas pesquisas e no método científico de Claude Bernard, que analisou a circulação sanguínea, e nas obras do filósofo Hippolyte Taine e do escritor Ernest Renan, cuja *Vida de Jesus* chocou muita gente de então. Com grande apetência, ele devora todo tipo de leitura.

Aos dezesseis anos, logo após o casamento de Marie Moitessier, Charles de Foucauld abandona a fé. Por qual razão? "Nada me parecia suficientemente provado", dirá ele mais tarde, "nenhuma prova me parecia suficientemente evidente". Ele permanecerá neste estado durante doze anos. Como seu contemporâneo Littré, que com respeito a Deus julgava que se tratava de um "oceano para o qual não dispomos nem de barco nem de vela", Charles continuará, de acordo com suas próprias palavras, "sem negar nada e sem crer em nada".

Charles decidiu-se pela carreira no exército. Seu avô queria que o neto cursasse, como ele, a politécnica. Porém, Charles escolhe a Escola Militar de Saint-Cyr. Ali é mais

Coronel Beaudet de Morlet, avô de Charles.

fácil. Durante dois anos, ele se prepara em "Saint-Geneviève" em Versalhes. No segundo ano — aos dezessete anos — ele se lança em aventuras com mulheres jovens. Isso se torna para ele uma completa anarquia. "Eu era de um egoísmo total, de uma impiedade total, de um desejo do mal total, eu era como possuído." Em março de 1876, três meses antes da seleção para a Escola de Oficiais de Saint-Cyr, é expulso ("não somente por causa de preguiça", ele escreve mais tarde) e volta para Nancy. Mas agora assume como questão de honra passar por aquela prova de admissão. Ele conquista o octogésimo segundo lugar de quatrocentos e doze alunos admitidos.

Uma juventude louca

Em outubro de 1876, aos dezoito anos, ele está em Saint-Cyr. Os seus colegas, alguns deles posteriormente ilustres, como Driant, Sarrant, Pétain, estão marcados por pensamentos de vingança. Foucauld, que agora mal tem tempo para a leitura, torna-se um apreciador de comida fina, um glutão. Desse modo, o moço fica gordo demais, e no vestuário não se encontra nenhuma farda de seu tamanho. Ele se torna objeto de zombaria em toda Saint-Cyr. Quase não trabalha nada e passa os dois anos de Saint-Cyr organizando "festas" para entorpecer seu tédio. A morte do seu avô em fevereiro de 1878 é um grande choque para ele, mas permite-lhe dispor ainda mais livremente de grandes somas de dinheiro para seus banquetes e festas.

Depois de Saint-Cyr, ele passa um ano, de outubro de 1878 até outubro de 1879, na Escola de Cavalaria de Saumur. Ele conclui Saumur como o último, o octogésimo sétimo entre oitenta e sete. Torna-se subtenente dos hússares em

*Charles na época de seu ingresso na
Escola Militar de Saint-Cyr.*

Sézanne, mas logo consegue sua transferência para Pont-à-Mousson. Entrementes, já tem vinte anos.

Por causa de suas excentricidades, ele se torna o escândalo vivo dessa cidade de guarnição. Vive esbanjando dinheiro, organizando um pequeno apartamento em Pont-à-Mousson, para onde convida o semimundo de Paris, e outro apartamento em Paris, onde passa suas licenças, pois a província o entedia demasiadamente. Uma certa Mimi torna-se sua namorada, uma pessoa muito viva, atraente e astuta.

Ele é, ao mesmo tempo, um boêmio e uma pessoa triste. No fundo, procura preencher o vazio deixado pelas antigas feridas. Na retrospectiva, mais tarde, ele diz sobre sua vida naquela época: "Um vazio torturador, uma tristeza que experimentei somente então; ela me invadia toda noite que estava sozinho no meu apartamento... Tornava-me mudo e abatido nas minhas chamadas festas: eu as organizava, mas quando chegou a hora, mergulhei em silêncio, nojo e tédio infinitos... Era a inquietude difusa de uma consciência má que está adormecida, mas não completamente morta. Nunca mais senti semelhante tristeza e inquietude, semelhante mal-estar".

Se os colegas o consideram divertido e faustoso, ele não está isento de arrogância aristocrática. Suas festas são extremamente requintadas — ele leu bem os escritores do século XVIII. É um príncipe, anarquista e libertino ao mesmo tempo, mas fantasiado, por assim dizer, em traje majestoso.

Em dezembro de 1880, seu regimento é enviado para a Argélia. Em Setif, Charles de Foucauld, que enviou Mimi à sua frente, retomou seus costumes da França, as festas e a vida de luxo. Seus superiores lhe ordenam mandar sua Mimi imediatamente de volta para casa. Mas isso fere seu orgulho. Ele recusa a obediência. Em março de 1881, "por falta de disciplina e má conduta no âmbito público", é decretada sua licença. O exército o despediu, ou melhor: Charles de Foucauld "provocou, ele mesmo", sua despedida do exército.

Charles como tenente no Quarto Regimento dos Hússares.

Capítulo 2

RUPTURA

O tiro de efeito moral

Agora Foucauld vive com Mimi em Évian-les-Bains, um balneário de clima agradável perto do Lago de Genebra. Três meses de ociosidade total, até aquele dia em junho que ele, ao abrir o jornal, vê que o seu regimento está envolvido em combates no leste da Argélia, contra os chamados "Insubmissos" (tribos nativas não subjugadas). Foucauld, entediado com sua inatividade, escuta o chamado da aventura. Ali, ele pelo menos não passaria tédio. Imediatamente viaja a Paris, apresenta-se ao Ministério de Guerra e pede para ser reintegrado ao exército, mesmo como simples *spahi* (soldado de cavalaria).

Não se sabe por meio de quais influências ele conseguiu a devolução de seu antigo grau. Imediatamente, ele é transferido para o sul do departamento de Oran, onde também há conflitos. O futuro general Laperrine, que o encontrou naquele tempo, escreve: "Em meio aos perigos e privações das tropas expedicionárias, este farrista letrado se revelou como um soldado e chefe que suportou junto aos seus amigos os desafios mais duros, com freqüência desempenhando-se pessoalmente e preocupando-se bastante com o bem-estar de seus homens. Os antigos mexicanos do regimento, gente de grande experiência, o admiravam". Os "antigos mexicanos" são os legionários que combateram no México. Eles e seus antigos superiores literalmente não o reconhecem; Foucauld os deixa estupefatos.

O que será que transformou Foucauld e o fez deixar Mimi, Évian e a vida ociosa? O orgulho, um certo sentimento de honra. Os camaradas estão combatendo, e ele está aí à toa, levando uma vida fácil, dia após dia a mesma coisa? Sim, o orgulho faz parte, mas também, talvez, a necessidade de correr riscos, o desejo de desafiar o perigo e de arriscar sua vida, uma vida que, para ele, não tinha sentido algum.

O que parecia ser, à primeira vista, mais um ato impulsivo, provoca, além da admiração dos velhos combatentes durões do exército, ainda outra conseqüência: sua tia, Inês Moitessier, volta a admirá-lo. Ela fica orgulhosa de seu sobrinho, e isso significa tanto para ele que começa a se tornar novamente mais próximo dos Moitessiers, de sua tia Inês e de sua prima Marie.

Outra conseqüência: Foucauld tomou consciência de suas capacidades surpreendentes de fazer reviravoltas e experimentou o inverso da lassidão: ele trocou, de uma vez por todas, a moleza pela vida com garra, a preguiça e a passividade pela ação. Mais tarde, o coronel Lawrence (da Arábia, que se envolveu em 1916 na revolta dos árabes contra o Império Osmânico) experimentou certo prazer em submeter seu corpo às mais extremas provas de resistência, na convivência com os árabes no deserto; mas Foucauld começa a experimentar isso agora. Como outras pessoas aderem a uma religião, este esteta e glutão se submete aos mandamentos da ascese e da abstinência.

Já se falou muito, e freqüentemente de forma romântica, do deserto, de suas fascinações e de seu efeito purificador.

Através do caminho da expedição ao sul de Oran, Foucauld penetra o deserto, e o deserto o prende. Ele voltará para ele, e um dia morrerá nele. Sua decisão não refletida, a ruptura brusca com Mimi e com a vida frívola, presenteou-lhe o encontro com esse mundo estranho que o encanta, como aconteceu com tantos outros.

A aventura do solitário

Charles de Foucauld não foi feito para o exército. Sua inclinação para a independência e a sua personalidade bastante anárquica não suportam uma disciplina imposta exteriormente. Uma disciplina imposta por ele, a si mesmo, é outra coisa. Certamente, ele se entusiasmou com a campanha, mas a vida de guarnição que seguia em nada o interessa. Ele sente a necessidade de criar algo a partir de si mesmo e prefere espaços grandes sem fronteiras. Quer empreender a aventura de um homem solitário, acima de arregimentações e de tutelas administrativas ou institucionais. Já está brotando nele um projeto que corresponde às dimensões de seus desejos ansiosos: uma grande viagem de exploração. Em qual ambiente poderia acontecer?

Naquela década de 1880, a Europa em geral e a França em especial constroem um vasto império colonial. Na África, há rivalidade entre a França e a Alemanha; esta última quer passar de uma política européia para uma política global. A França, porém, depois da perda da Alsácia-Lorena, procura a expansão, inclusive na África, que no início do século XIX ainda é um continente quase totalmente desconhecido (mas que, em torno de 1900, já estará noventa por cento colonizado). O Congresso de Berlim, de 1885, distribuirá as diferentes zonas de influência e reivindicações de posses; mas até lá está acontecendo uma corrida de expedições. Todo o mundo quer garantir esta ou aquela região para sua própria pátria. Na França e na Europa desenvolve-se uma cobiça imperialista.

No caso de Marrocos, existe uma concorrência especial entre a França e a Alemanha, principalmente por motivos econômicos. Com as duas crises de Tânger (1905) e de Agadir (1911), a inimizade entre as duas nações torna-se tão aguda que uma nova guerra parece iminente. E exatamente por causa da ameaça de uma maior expansão da Alemanha na África acontece a aproximação das duas potências coloniais tradicionais, a França e a Inglaterra, e a fundação da *Entente cordiale.*

A colonização é completada através dos exércitos, mas estes sempre são precedidos pelas vanguardas dos exploradores. Foucauld não quer ser um homem qualquer entre muitos, ele aspira ir à frente. Dessa maneira, elabora seu plano de uma viagem de exploração em Marrocos. Misturam-se sentimentos de vingança e de patriotismo em face da Alemanha e sentimentos pessoais que têm parentesco com aquele pensamento que, na mesma época, é desenvolvido por Nietzsche como "a vontade do poder".

Marrocos está ali, bem próximo, e este país da "Insubmissão", ainda inacessível, o atrai. No mapa há uma mancha branca que Charles pretende extinguir, uma terra virgem onde ele deseja colocar seu pé. Para poder realizar seu plano, pede licença ao exército, mas esta lhe é negada. Desse modo, no final de janeiro de 1882, ele apresenta sua demissão. Permaneceu somente nove meses entre os *chasseurs* (caçadores) da África. Mas foram suficientes para trazer à luz o seu projeto verdadeiro.

Conquistar e dominar-se

Quando Foucauld inicia algo, ele vai até o fundo das coisas. Ele mergulha no estudo do árabe e se dedica a tudo que era necessário para uma exploração verdadeiramente científica. São dezoito meses de estudos sérios em Argel. Ele está decidido, e à sua irmã escreve que fará "o caminho até o fim". "Quando alguém parte dizendo que fará algo não deve voltar sem tê-lo feito." Ele aproveita todas as chances: por exemplo, assemelha-se profundamente àquele grupo em que, como membro, poderá passar o mais despercebido possível. Em Marrocos há comunidades judaicas; por isso, ele se disfarça de rabino, embora, em Saint-Cyr, tivesse sido o melhor amigo do Marquês de Mores, um anti-semita manifesto. Além disso, como judeu, ele será desprezado pelos muçulmanos de Marrocos, mas, por outro lado, dependerá do salvo-conduto do xeque muçulmano. Durante um ano, de junho de 1883 até junho

Charles antes da sua viagem de exploração a Marrocos em 1883.

23

O rabino Mordecai Abi Serur, que acompanhou Charles de Foucauld durante sua viagem por Marrocos.

de 1884, Foucauld percorre Marrocos, sendo, na maior parte do tempo, hóspede em casas judaicas. Ele toma notas e faz croquis de todos os desfiladeiros, vales e lugares por onde passa.

A aventura marroquina lhe deu profunda satisfação: "Foi duro, mas muito interessante, e eu ganhei", escreve a um amigo. Estas três frases dizem tudo. Quando volta a Argel, mergulha novamente numa vida desenfreada. Mas, de volta a Paris, encontra a Senhora Moitessier e retoma o contato com sua prima Marie de Bondy. É cercado de atenção, todo mundo faz festa por sua causa.

Ele quer que sua viagem de exploração não seja entendida meramente como uma travessura sensacional ou como um ato de coragem; ele quer que seja útil para algum fim. Assim, tira tempo para descrever detalhadamente os resultados de sua viagem. Como a própria viagem, levará um ano para completar o relatório. "Foi", dirá ele depois sobre aquele ano, "uma vida de estudos sérios, uma vida austera, uma vida em solidão". Ele mora sozinho na Rua Miromesnil 50, em Paris, aliás, inteiramente no estilo árabe.

Na vizinhança fica a residência urbana dos Moitessiers, na Rua d'Anjou, onde moram Tia Inês e Marie de Bondy; o laço entre sua prima e ele se estreitou.

Os apontamentos de Foucauld, intitulados por ele *Reconnaissance au Marroc* (Reconhecimento em Marrocos, o título tem uma conotação militar: "identificar regiões desconhecidas"), chegam ao conhecimento da Sociedade Geográfica de Paris, e esta reage concedendo ao jovem explorador uma de suas primeiras medalhas de ouro. São destacadas "a coragem" e "a abnegação ascética" de Foucauld, que "sacrificou muito mais do que somente suas comodidades, tendo feito e mantido até o fim um voto de pobreza", e "os resultados úteis" que ele obteve. "O visconde de Foucauld percorreu pelo menos o dobro dos caminhos de viagens cuidadosamente explorados em Marrocos." Foucauld superou as resistências, serviu ao seu país de maneira muito pessoal, e esta é a sua honra. Mais tarde observará que fez tudo isso "para o seu prazer". Sim, é o prazer secreto e, ao mesmo tempo, tão profundo da vitória sobre si mesmo, da façanha própria realizada sozinho, da notoriedade que alguém deve somente a si mesmo.

Auto-retrato de Mademoiselle Titre, de quem Charles de Foucauld ficou noivo em Argel, em 1884. O noivado foi logo desfeito, por causa da oposição da família dele.

Em fevereiro de 1886 — Foucauld tem vinte e sete anos — ele volta de uma viagem complementar de quatro

Em sua viagem de exploração em Marrocos, Charles adquiriu um profundo conhecimento do mundo da religiosidade judaica, através de seu companheiro de viagem, o rabino Mordecai Abi Serur. — Amuleto de prata judaico (séc. XVII/XVIII) com a representação do candelabro de sete braços, menorá, e a inscrição SHADDAI = Deus é protetor (Paris, Museu de Arte Judaica).

meses ao sul da Tunísia e da Argélia. Atingiu o objetivo que não lhe foi imposto por nenhuma outra pessoa. Pensando em integrar-se à vida normal, fica noivo de uma jovem de boa família. Marie de Bondy, porém, não acredita que ele aceite comprometer-se por laços matrimoniais, ao menos naquele momento. Ela desaconselha o passo.

O jovem explorador fica também profundamente impressionado com o mundo do islã. — Pequena mesquita no oásis El Golea.

Charles de Foucauld em fevereiro de 1886.

Capítulo 3

ENCONTRO

Caminhos interiores

Em Paris, em seu apartamento da Rua Miromesnil, Charles continua seu estudo da língua e dos costumes árabes. Como diz mais tarde, o islã produziu nele "uma perturbação profunda". Ele viu homens de joelhos, em oração, em plena rua em Argel ou em pleno deserto. A imagem de Deus no islã, o Altíssimo com sua conotação do transcendente, o seduz. "A visão desta fé, destes homens que vivem na constante presença de Deus, fez-me vislumbrar a existência de algo maior e mais verdadeiro do que as nossas ocupações mundanas", escreverá depois ao seu amigo Henry de Castries. Na expressão "algo maior e mais verdadeiro" está o Foucauld inteiro: uma compulsão incessante de ir mais além, para uma maior grandeza e verdade. Ele pensa em se tornar muçulmano: "O islã é extremamente sedutor. Seduziu-me excessivamente", continua dizendo ao seu amigo. Por quais razões? "Gostei muito do islã por causa de sua doutrina simples, sua hierarquia simples, sua moral simples." De Marrocos, Foucauld trouxe três cadernos de desenhos excelentes. São desenhos de traços extremamente simples. Foucauld ama esta linha clara, sóbria e exata. Ele reencontra nisso a si mesmo e sua necessidade de avançar até o essencial e de optar.

O islã não o deixa quieto enquanto estuda e se torna gradativamente um especialista em África do Norte. Ele visita freqüentemente um explorador famoso, Duveyrier, que, vinte anos antes, tinha avançado ainda mais ao sul e explorado o Saara, um empreendimento finalizado em 1864 num livro sobre os tuaregues. Esse tipo de vida, dedicada a trabalhos científicos baseados em viagens de exploração, em trabalho de campo, cai muito bem para Foucauld: é uma mistura de ação e meditação que corresponde ao seu temperamento.

Além disso, esta etapa de sua vida acontece num ambiente familiar. O órfão encontrou um novo lar. Os Moitessiers o acolheram como seu próprio filho. Inês Moitessier mantém um salão famoso na sua residência urbana onde recebe ministros e eruditos, os Broglies e os Buffets. Todo domingo vê-se entre suas visitas também seu sobrinho, que conquistou seu lugar em tais recepções graças ao valor de suas explorações. Também durante a semana Foucauld vai várias vezes à casa dos Moitessiers.

É aqui que também ouve falar de um padre surpreendente, vinte anos mais velho que ele e vigário de Santo Agostinho, a paróquia dos Moitessiers. Ele tinha cursado a Escola Normal Superior, era um historiador excelente, e depois se tornou sacerdote: o padre Huvelin. Em 1875 foi nomeado vigário de Santo Agostinho e ali permaneceu até a sua morte em 1910. Ele se dedica principalmente à pregação e às confissões. Também oferece aos jovens cursos sobre a história da Igreja. Esse pastor de almas muito procurado mora num pequeno apartamento próximo à igreja. Além disso, cultiva uma ampla correspondência. Assim foi a vida do padre Huvelin durante trinta e cinco anos. Ele conhece muita gente neste bairro muito rico do oitavo distrito de Paris, mas ele mesmo não tem nada de um sacerdote aristocrático.

Igreja de Santo Agostinho em Paris. Aqui, Charles de Foucauld — com a ajuda do padre Huvelin — encontra, de maneira totalmente nova, Jesus, seu Senhor.

*Marie de Bondy, nascida Moitessier, prima de
Charles de Foucauld. Ela terá grande influência sobre
a vida futura de seu primo.*

Visita freqüentemente o pai do agnosticismo do século XIX, Émile Littré, nos meses que precederam a morte deste, em 1881. Está totalmente alheio a um zelo errado por conversões, mas tem o talento de respeitar a lenta transformação dos corações e seus segredos. É feio e ao mesmo tempo encantador, de saúde fraca e, mesmo assim, incansável. Dotado de sensibilidade extraordinária, oferece aos seus interlocutores compreensão e simpatia, como se fosse um médium. Contudo, ele pessoalmente sofre freqüentemente de tristeza, e mais ainda de um abandono interior, uma espécie de "noite escura". "A luz me vem somente pelo bem dos outros, e à medida que eles a procuram", disse ele certa vez a Friedrich von Hügel. Huvelin e Foucauld são naturezas contrárias, em tudo: Foucauld está cheio de saúde, vigor e dureza; Huvelin está totalmente alheio a qualquer tipo de voluntarismo e organização, um homem de discernimentos sutis, sempre próximo aos humildes e aos que o procuram.

Então, Charles de Foucauld ouve falar desse homem, na casa da sua tia e sua prima Marie. Mais tarde, numa oração a Deus, ele afirma que, na preparação de sua conversão, este ambiente familiar e, sobretudo, as duas mulheres foram de suma importância: "Tu as urgiste para me receber como o filho pródigo a quem nem se faz sentir que abandonou a casa do pai. Tu lhes inspiraste a mesma bondade que eu teria podido esperar se não tivesse quase… Eu me vinculei cada vez mais a esta família bem amada… Ali vivi num ambiente de tanta virtude que a vida voltava visivelmente a mim; era a primavera que devolvia vida para a terra, depois do inverno. Sob este sol suave crescera meu desejo do bem, este desgosto pelo mal, a impossibilidade de recair em certos erros, e a procura pela virtude".

Porém, estas duas mulheres — sem dúvida conforme o conselho do padre Huvelin — mantinham estrito silêncio sobre o caminhar interior que Charles de Foucauld estava vivendo. Elas se calavam, segundo o modelo do padre Huvelin, com grande respeito diante da liberdade do outro, o qual é o único que poderá, um dia, decidir seu próprio destino.

O padre Huvelin, vigário da igreja de Santo Agostinho em Paris, conduz Charles de volta para a fé e torna-se seu diretor espiritual.

Estoicismo ou fé cristã?

Alguns anos antes, em seus "Pequenos poemas em prosa", Baudelaire tinha escrito: "É preciso embriagar-se sem trégua. Mas de quê? De vinho, de poesia ou de virtude. Como vos apraz. Mas embriagai-vos". No ano de 1886, Foucauld sente-se atraído pelo estoicismo. A coragem que provou na sua viagem por Marrocos ensinou-o a encontrar uma alegria na antiga *virtus*, na força da alma. Aquilo que Foucauld chama de "busca da virtude" não se trata em primeiro lugar de "virtude" no sentido moral estrito, mas sim de uma espécie de vontade viril de elevar-se com honra acima de si mesmo, de conseguir dominar suas paixões e seus erros, e de aumentar seu potencial através de atos de coragem fora do comum. Ele diz muito claramente que, naquela primavera de 1886, encontrou "o gosto da virtude, da virtude pagã". De certa maneira, ele alcança de modo teórico a experiência que já fez na vida prática.

Este ímpeto pela grandeza moral o motiva a praticar atos ascéticos difíceis. Ele consegue viver em austeridade e castidade, sem festas e sem mulheres, e isso até o anima. Quando lê autores cristãos como Bossuet, é para encontrar neles "ensinamentos da virtude"; ele mesmo diz: "Ensinamentos de uma virtude totalmente pagã, em livros cristãos".

Contudo, o cristianismo como tal ainda lhe parece "uma tolice". Pois não acredita que o ser humano possa chegar à verdade; essa é a razão mais forte para julgar que o cristianismo, com seus dogmas e sua irracionalidade, esteja muito longe da verdade.

Não é em primeiro lugar o raciocínio que leva Charles de Foucauld de volta à fé, e sim a bondade do coração de uma mulher inteligente que o ama, Marie de Bondy. Um sentimento muito forte o atrai para ela; e ela lhe dispensa muitos sinais de afeto. Ela é uma mulher fina e intuitiva, que possui força tanto de razão quanto de coração. Charles a admira e ama. Ele descreve ao seu amigo Henry de Castries o processo pelo qual chegou ao caminho da conversão: diante desta mulher, que atuava "através do seu silêncio, seu amor, sua bondade e perfeição", que "difundia uma atmosfera que atraía, mas que não agia", ele disse a si mesmo que, "talvez, esta religião não seria absurda". O padre Huvelin tinha dito certo dia que o essencial perante um ser humano que procura o seu caminho não é "fazer-lhe sermões, mas testemunhar-lhe que ele é amado". Marie de Bondy fez exatamente isso.

Começa agora uma nova etapa na vida de Foucauld: ele vai freqüentemente a Santo Agostinho e murmura longamente o que ele chamará depois uma "oração estranha": "Deus, se tu existes, faze que eu te conheça!". E, para garantir, de seu lado, todas as chances, ele faz o que fez também na preparação de sua viagem de exploração: ele procura um *taleb*, um "professor", um "mestre". Dessa vez não para a língua e os costumes árabes, mas para ensinamentos na religião. Certa manhã no fim de outubro de 1886, ele chega a dizer isso ao padre Huvelin, em seu confessionário. O sacerdote, que assistiu em silêncio à procura daqueles meses, dá-lhe a resposta singela: "O Senhor deve se confessar", e depois: "O Senhor deve comungar". E Charles o faz.

Sua conversão não é fulminante e não elimina todas as dúvidas. "Eu, que tinha duvidado tanto, não acreditei tudo num dia só." O padre Huvelin não pressiona nada, ele permite que o desenvolvimento interior aconteça devagar. Sua tarefa principal como "orientador de almas" é: segurar, com mansidão e firmeza, esse jovem de vinte e oito anos, cheio de fogosidade e de ardor, que aspira entregar-se a Deus como se entregou à devassidão e à vontade do poder. Um

36

sacerdote dinâmico teria apressado Foucauld. Mas o padre Huvelin evita métodos que radicalizam; para ele, o cristianismo consiste em uma vida de fé muito simples que deve se comprovar no cotidiano, muito em contraste daquela exaltação que Foucauld tinha perseguido anos a fio e que poderia ter procurado também no campo da religião. Sem dúvida, a influência do padre Huvelin sobre Foucauld foi decisiva e evitou que se perdesse em hiperatividades mistificadoras.

O longo caminho de Foucauld desde sua conversão até sua morte — exatamente trinta anos — não é a realização de um programa de domínio de si mesmo e dos outros. Seus caminhos, seus desvios, todo o seu desenvolvimento acontece de modo muito surpreendente, e aparentemente sem nexo. Leva exatamente ao contrário daquilo que Foucauld era: um homem de projetos bem definidos, os quais ele decide e literalmente realiza até o fim.

Paciência, paciência

Foucauld, que faz tudo sempre de modo completo, também em sua conversão vai até o extremo: ele quer "viver somente para Deus". Enquanto procurava, até então, os primeiros lugares, está agora decidido a ganhar, de rédea solta, o último. A seu ver, o melhor é trancar-se na trapa mais remota e mais severa, e terminar ali os seus dias, completamente esquecido, como o último irmão leigo de todos. Foucauld quer logo procurar esse mosteiro e entrar nele imediatamente.

O padre Huvelin lhe ensina paciência — o que não é nada fácil. Ele lhe mostra que o essencial da vida cristã não consiste em se encerrar num lugar obscuro ou em realizar grandes obras, mas que o Evangelho nos convida a "encerrar tudo no amor". E no que diz respeito ao último lugar, de qualquer forma existe alguém que Charles jamais poderá alcançar ou ultrapassar: o próprio Jesus. "Jesus tomou o último lugar com tanta firmeza que ninguém é capaz de tirá-lo dele".

O padre Huvelin o aconselha a levar, por enquanto, uma vida bastante simples. Portanto, Foucauld continua seus trabalhos científicos, lê os evangelhos, medita, leva uma vida de família com seus parentes. Mas é difícil, para ele, obedecer o padre Huvelin, porque Foucauld continua sendo tentado pelos seus velhos demônios. Não pela carne, mas pelo espírito, pela vontade do poder que procura se tornar "senhor de si mesmo e do universo", e que visa confundir os sentimentos humanos porque os considera realidades bastante secundárias, se não desprezíveis. Huvelin o ensina a exercer uma atitude humana para consigo mesmo e para com os outros — mansidão para consigo, bondade e simpatia para com os outros.

Percebemos o trabalho de Huvelin especialmente quando lembramos a delicadeza nas relações de Foucauld com sua prima Marie. O padre compreendeu bem quão profundamente esses dois jovens estavam ligados um ao outro, numa verdadeira amizade e amor. Foucauld quer oferecer esse sentimento a Deus, como sacrifício. Huvelin, porém, o desaconselha. E para dar a Foucauld uma oportunidade de vivenciar de perto a humanidade de Cristo, envia-o para uma peregrinação à Terra Santa. Essa viagem dura de novembro de 1888 até fevereiro de 1889 e tem uma importância decisiva sobre a vida de Foucauld, conforme ele dirá mais tarde repetidamente. Por quê? A visita dos lugares tão singelos onde Jesus viveu causa nele o afastamento de suas antigas idéias de virtude e de grandeza, e permite-lhe experienciar muito melhor a humanidade de Jesus e sua inserção histórica. Foucauld coloca seus passos nos rastros de Jesus, procura vestígios dele, às vezes até muito ingenuamente. Desse modo, a viagem torna-se uma exploração totalmente diferente daquela de Marrocos.

Vista de Nazaré sobre uma caixa de madeira na qual Charles guardava seus poucos pertences.

Capítulo 4

NAZARÉ

O encontro com Nazaré

Nesta peregrinação clássica, Foucauld experimenta uma forte comoção num lugar determinado: Nazaré. Ali, a vida é, em grande parte, como era no tempo de Jesus. Essa experiência o atinge como um raio e o faz falar da vida pobre de Jesus "que eu contemplei e vislumbrei ao caminhar pelas ruas de Nazaré, que, naquele tempo, nosso Senhor, um pobre aprendiz de carpinteiro, tocou com seus pés".

Passaram-se dois anos entre o momento da conversão em Santo Agostinho e o encontro com a vida em Nazaré, dois anos de busca guiada pela mão firme do padre Huvelin, o qual lhe poupou decisões precipitadas. Porém, agora, quando lhe sobrevém a grande iluminação — a vida no espírito de Nazaré —, começa para Charles de Foucauld uma busca incessante que durará sua vida inteira: como ele poderá levar esta vida concretamente? Sua oração se torna uma exclamação contínua ao Senhor: "O que queres que eu faça?". Mas Deus fica calado. Afinal, é assim que ele é, de um respeito imenso pela liberdade humana. Foucauld procurará, com um ardor que nunca diminui, realizar o que ele "contemplou" em Nazaré.

A vida monástica lhe parece ser o lugar onde ele poderia ser o mais pobre dos pobres, no seguimento de Jesus de Nazaré. Ele se sente atraído pela trapa; o padre Huvelin

A trapa de Notre-Dame des Neiges (vista atual), onde Charles entrou como monge, em 1889.

prefere os beneditinos, com sua regra menos severa. Foi-nos preservada uma carta de recomendação ao abade de Solesmes: "O visconde Charles de Foucauld, que entregará esta, é um ex-oficial, viajante destemido a Marrocos e peregrino fervoroso à Terra Santa, um cavalheiro perfeito e bom cristão, que faz da religião uma história de amor. Há bastante tempo acompanho seu desejo pela vida monástica. Ele precisa ter uma chance de conviver com ela; faz meses que a está ensaiando [...]. Eu o aconselhei a experimentá-la por alguns dias em Solesmes e, por isso, suplico-vos a dar-lhe a possibilidade de conhecê-la e de conviver convosco. Faz anos

A trapa de Notre-Dame d'Akbês, na Síria, para onde Charles pediu transferência em 1890.

que conheço de Foucauld: ele tem *certeza* completa, e sua vocação me parece das mais sólidas, se não para Solesmes, então ao menos para uma outra família monástica".

Será que, em Solesmes, se teve medo de uma figura dessa espécie? Será que alguém se lembrou de uma certa tradição segundo a qual antigos militares preferentemente se tornavam trapistas? Solesmes o envia à trapa de Soligny, na região de Orny. Ele pensa cada vez mais na Ordem da trapa. O padre Huvelin tem um amigo, dom Chautard, na trapa d'Aiguebelle.

De lá foi fundada uma trapa na região de Ardèche, a mais severa e geograficamente alta da França: Notre-Dame des Neiges (Nossa Senhora das Neves). Esse mosteiro tinha instalado em Akbês, na Síria, um priorado muito pobre. É esse que atrai Foucauld.

Em outubro de 1889, ele vai para Notre-Dame des Neiges. Depois, para chegar a uma decisão clara, faz exercícios inacianos com os jesuítas de Clamart. No início de dezembro ele escreve à sua irmã: "Ontem voltei de Clamart. Com grande certeza e paz interior, e conforme o conselho explícito e irrestrito do padre que me orientou, tomei a decisão que acalentei há muito tempo: entrar na trapa. Então, já é um assunto decidido; pensei nisso há muito tempo; estive em quatro mosteiros. Nos quatro retiros disseram-me que Deus me chamava e que ele me chamava para a trapa. A minha alma me compele para lá, e meu diretor espiritual é da mesma opinião".

Por causa da insistência de Foucauld, mas contra seu próprio gosto, o padre Huvelin consente. A vontade de sacrifício de Foucauld é de tal força que não pode ser chamada de paz interior. Ele procurou com veemência o sacrifício maior que poderia oferecer a Deus. Qual será? Mais tarde, ele o expressará assim, numa oração: "Foi o desejo de te oferecer o maior sacrifício, deixando minha família, que era toda a minha felicidade, e indo bem longe, para viver e morrer nos confins do mundo".

Cinco anos antes, ele tinha reencontrado uma família, e agora ele se separa dela; de forma estranha repete-se o que ele viveu aos cinco anos de idade. Ele quer deixar uma mãe, mas também o padre Huvelin, que, como disse freqüentemente, tinha se tornado seu segundo pai.

Para Charles de Foucauld, essa é uma separação terrível. Imediatamente depois de chegar a Notre-Dame des Neiges, ele escreve uma carta a Marie na qual expressa todo o seu sofrimento: "Os meus olhos nunca mais verão os vossos [...]. No passado ficamos tão pouco separados; como poderemos sê-lo tão completamente no futuro? No entanto, a verdade é esta: eu o sei, eu o quero, e, ainda assim, eu não posso acreditá-lo".

Ele mergulha em seu sofrimento: "Eu peço a ele, de todo o coração, para aumentar a minha dor, se eu for capaz de suportar um peso ainda maior, a fim de que ele fique um pouco mais consolado e que seus filhos recebam um pouco mais de graça". "É preciso tirar força da fraqueza, servir-se desta fraqueza para Deus, agradecer-lhe por esta dor e oferecê-la a ele como sacrifício".

A atitude de Foucauld centrada na vontade e a ferida que existe nele desde a sua infância de órfão o ajudam tanto mais a aderir àquela espiritualidade romântica do século XIX cuja essência consiste em consolar o Coração de Jesus que está sendo insultado pelos pecados da humanidade, e em sofrer com Cristo para expiar com ele. Aquela é a época na qual o pintor Desvallières representa um Cristo amarrado à coluna da flagelação, desfalecido e encharcado de sangue. Foucauld está convencido de que Deus exige esta dor: "Que ele a diminua se não servir para sua glória e sua vontade; mas eu estou seguro de que ele a quer". Sua vontade de sofrer o máximo possível se estende para todos os campos: Se, como ele diz, "o lado material da vida não (lhe) custou nem uma sombra de sacrifício", ele deseja avidamente que as condições da vida na trapa sejam severas e duras. Quando o Papa, em 1893, autoriza a trapa a utilizar na cozinha manteiga e azeite, ele fica escandalizado: "Onde vai parar isso, será que tudo está indo ladeira abaixo?". Ele vê nisso um fenômeno de decadência, pois a severidade é, para ele, uma espécie de disciplina indiscutível.

Contudo, o essencial é o sofrimento do coração. Ele deseja ser enviado para a Síria porque o priorado é pobre, mas, sobretudo, para se afastar dos laços familiares. Em junho de 1890, poucos dias antes de partir, ele confessa a Marie: "Não posso vos dizer que nestes dias não estaria triste. Será duro ver a costa se afastar".

No dia 27 de junho de 1890, o navio zarpa de Marselha para Alexandria. Na véspera ele escreve a Marie: "Já estou me vendo no navio que amanhã me levará embora. Parece-me que estou sentindo já agora cada onda que me afasta da senhora. Parece-me que meu último abrigo será o pensamento de que cada uma é um passo rumo ao fim da vida". Para ele, essa despedida é definitiva: "Terminarei os meus dias debaixo de um outro céu".

"Nós não estamos entre os pobres..."

O priorado Notre-Dame du Sacré-Coeur (Nossa Senhora do Sagrado Coração) em Akbês está localizado num vale, a uma altura de seiscentos metros do nível do mar. Foucauld, cujo nome na trapa é irmão Marie-Albéric, descreve o lugar à sua irmã: "Barracos com paredes de tábuas e de vime, com telhado de palha. Faz oito anos que vinte trapistas se estabeleceram ali; eles acolheram em torno de vinte órfãos entre cinco e vinte anos, armênios católicos cujos pais foram mortos nas perseguições turcas".

Os trapistas se dedicam à lavoura; mas, para aproveitar de suas terras, empregam também uma quinzena de lavradores, homens da região, um fato que Foucauld desaprova. Três meses depois da sua chegada, ele escreve ao padre Huvelin: "Para os ricos, somos pobres, mas não tão pobres como o era o Nosso Senhor, não tão pobres como eu o era em Marrocos, não tão pobres como são Francisco".

Desta maneira, Foucauld está tão insatisfeito com Akbês como esteve antes com Notre-Dame des Neiges: "Nunca, nem mesmo nos primeiros dias, encontrei meu ideal em Notre-Dame des Neiges", escreverá alguns anos mais tarde.

Ele vive com uma vontade intransigente da pobreza radical ou, em outras palavras, com o projeto de realizar um ideal inacessível. Aqui, na trapa, desde o início não se sente muito bem. Ainda assim, ele persegue seu objetivo. Depois do noviciado, faz os seus votos simples, no dia 2 de fevereiro de 1892. Naquele dia, ele está feliz, tão feliz como na sua volta de Jerusalém. Ele realizou um ato de entrega total a Deus, e a Igreja aceitou seus votos de sacrificar tudo. Ele fez preceder a essa entrega vários gestos significativos: demissão da Sociedade Geográfica, legado de todo o inventário de seu apartamento em Paris à sua irmã, abdicação como oficial de reserva: "O grau, a pequena fortuna, eu gostaria de jogar tudo isso pela janela".

Em outubro de 1892 realiza-se o capítulo geral da trapa. Leão XIII concede atenuações que nada correspondem ao gosto de Foucauld. Ele ouve falar de projetos sobre ele, entre outros, de ordená-lo sacerdote e de dar-lhe responsabilidades. Além disso, deve supervisionar a construção de uma estrada na qual foram empregados operários.

E ainda outro incidente: "Fui enviado para rezar na casa de um operário pobre, católico, que faleceu na aldeia vizinha. Que diferença entre aquela casa e as nossas habitações! Tenho saudade de Nazaré!".

Não, decididamente o mosteiro não é aquilo que ele procurava, essa não é a sua vocação, isso não é Nazaré. Diante de tais decepções, e já que não encontrou em nenhuma parte o que procurava, nasce nele rapidamente o projeto de fundar algo novo, conforme suas próprias idéias.

A vida de Nazaré

Este homem de trinta e cinco anos, que reencontrou a fé há sete anos, leva dentro de si a idéia exata de uma existência que seria a imitação da vida de Jesus em Nazaré. Porém, ao mesmo tempo, vive numa profunda insatisfação e também numa certa incapacidade de sujeitar-se a uma estrutura institucional. Quando deixou Évian e se reintegrou ao exército, ele liderava seus homens; mas logo após os combates terem terminado ele já não era capaz de continuar uma vida de rotina e de disciplina que, afinal, é a vida regular de soldados. Naquele momento surgiu o projeto da viagem de exploração de Marrocos, um empreendimento muito pessoal e solitário. O mesmo acontece agora: a vida regulamentada e institucionalizada da trapa não lhe serve. E, rapidamente, ele percebe as desvantagens desta maneira de vida monástica em comparação com aquilo que tinha sonhado. Foucauld está fora da estrutura.

A partir desse momento, ele procura imaginar o que seria a vida desejada, a vida de Nazaré. Ele está na trapa e não está — ou já não está mais. As suas cartas, sobretudo ao padre Huvelin, expressam fragmentariamente o que ele persegue.

Em primeiro lugar, a congregação que gostaria de fundar deveria se dedicar aos pobres. Ele recusa a separação que se estabeleceu nas congregações monásticas entre "trabalhadores manuais" e "intelectuais". Todos podem ser integrados em algum trabalho manual, como Jesus, que "trabalhou com suas próprias mãos".

Além disso, os mosteiros deveriam ser pequenas comunidades e não empresas agrícolas: "Quase necessariamente os mosteiros ganham uma importância material". Em Nazaré acontece o contrário. Não se precisa de prédios grandes nem de muitas terras; e, além do mais, terras e prédios podem ser alugados. Deve-se renunciar absolutamente a toda propriedade, tanto coletiva como privada. Isso significa para a comunidade viver exclusivamente do trabalho manual de seus membros: esmolas e ajudas de fora estão fora de questão.

Sobre isso: "Deve-se compartilhar tudo, vivendo de um dia para o outro, renunciando o máximo possível".

Sendo que a pequena comunidade do mosteiro é composta por trabalhadores e que eles vêm todos das mesmas condições, sejam eles trabalhadores armênios que a trapa emprega ou europeus, a liturgia deveria ser adaptada a todos. Foucauld acha a liturgia de são Bento "complicada" e inadequada para os trabalhadores sem instrução. E, em vez de querer lhes proporcionar uma longa iniciação intelectual para a compreensão desta liturgia, Foucauld acha que seria necessário substituí-la por orações simples e pela missa: "Nossa liturgia bate a porta do convento na cara dos árabes, turcos, armênios etc., que são bons católicos, mas que não entendem uma palavra sequer das nossas línguas". Portanto: "De manhã e de noite rezamos diante do Santíssimo exposto; o dia é dedicado ao trabalho".

Finalmente, Foucauld queria que estas comunidades fossem "universais", que pudessem ser fundadas em todas as partes, "sobretudo nos países infiéis", e que pudessem ser implantadas facilmente em todas as partes, sem grandes esforços de adaptação.

É um projeto revolucionário, a partir da perspectiva das congregações existentes. Um projeto grandioso. Foucauld não encontra outra comparação para o seu projeto que o próprio Francisco de Assis, que tinha enviado seus irmãos pobres para pregar nos caminhos, como Jesus na Galiléia e na Judéia. Foucauld quer com sua fundação "imitar a vida oculta de Nosso Senhor, como são Francisco de Assis o fez com a vida pública dele".

Durante três anos, de 1893 até 1896, Foucauld retoma continuamente esta primeira intuição e desenvolve seu grande "anseio" — esta palavra volta com freqüência. "Jamais vamos guardar dinheiro de uma semana para a outra." "Como deve ser o trabalho? Como o da classe mais pobre do país onde estamos". — "Um trabalho fácil de realizar, de modo que todos, experientes e ignorantes, fortes e fracos, possam executá-lo". "Serão recebidos indistintamente letrados e incultos, jovens e velhos, sacerdotes e leigos". "Não deve haver distinção entre padres, frades e irmãos leigos. Todos serão iguais e todos serão chamados de irmãos". Onde devem morar? Sobretudo, "nos subúrbios", "lá onde moram os pobres!"

Em junho de 1896, ele sintetiza todo o projeto e envia ao padre Huvelin a "Regra" que preparou. Mas, no momento de finalizá-la, turcos massacram armênios, nos arredores de Akbês. Notre-Dame des Neiges, porém, é poupada pelos assassinos: "Os europeus estão sendo protegidos pelo governo turco". "Até colocaram uma esquadra de soldados à nossa porta". Para Foucauld, a mera idéia de gozar de tal privilégio, enquanto ao lado cristãos morrem martirizados, significa uma tortura infinita.

"O senhor não deve estabelecer nenhuma regra, eu vos suplico. Vossa regra é absolutamente impraticável. O papa hesitou em dar sua aprovação à regra franciscana. Ele a considerava demasiadamente severa. Mas esta regra do senhor! Ela simplesmente me assustou!" É compreensível que o padre Huvelin ficasse assustado ao ler essa regra rigorosa, mas inabalavelmente conseqüente. Foucauld é realmente um grande louco de Deus que quer realizar o Evangelho ao pé da letra.

O padre Huvelin admitiria, entretanto, que Foucauld vivesse pessoalmente a Regra que queria pôr em prática "à porta de alguma comunidade", mas não como fundador e mestre de um grupo que ele organizaria conforme os princípios e as aplicações desta Regra.

Foucauld comunica aos trapistas seu desejo de deixar a Ordem para viver como um pobre perto de um mosteiro.

Em resposta, seus superiores o enviam a Roma, para cursar dois anos de teologia. Ele chega no dia 30 de outubro de 1896, exatamente dez anos depois da sua conversão em Santo Agostinho.

"Os meus desejos não mudaram de maneira alguma, eles são mais claros do que nunca, mas eu obedeço com simplicidade, em imensa gratidão e na confiança de que no fim desta longa prova a vontade de Deus se manifestará muito claramente". Ele se encontra em meio à "noite", mas, ainda assim, nas meditações que ele anota agora, vislumbramos sua esperança. Ele está atualmente num lugar que, como acredita, não corresponde à sua vocação. Mas ele obedece. No dia 2 de fevereiro, ele deveria fazer — normalmente — seus votos perpétuos e com isso pertencer definitivamente à trapa. Então ele escreve poucos dias antes: "Exatamente na fase em que Jacó está a caminho, pobre, sozinho, dormindo na terra nua do deserto, para encontrar repouso depois de uma longa errância a pé; exatamente na fase em que ele vive a difícil situação de um viajante solitário, numa viagem longa em meio a um país estrangeiro e hostil, sem teto; exatamente numa situação tão triste, Deus o cobre de graças incomparáveis".

Foucauld é este homem pobre, Jacó, o viajante solitário no deserto, sem luz, sem casa. Ele aguarda. Ele espera. Ele está até disposto a permitir ser ordenado padre, se alguém lhe ordenar assim. Porém, na noite do dia 23 de janeiro de 1897, o Superior Geral da trapa, dom Sebastian Wyart, o chama e comunica a Charles a decisão de que deve seguir seu desejo de viver em Nazaré, em obediência ao padre Huvelin. Este o aconselha a viajar para a Terra Santa, "para Cafarnaum ou Nazaré, para algum convento franciscano — não ficar no convento, somente à sombra dele. O senhor deve pedir lá apenas os alimentos espirituais, e viver em pobreza […] à porta".

52

Em Nazaré

No dia 17 de fevereiro, Foucauld embarca em Brindisi; no dia 24 desembarca em Jaffa, vestido como um mendigo — calça de algodão azul, bata de listras brancas e azuis, com capuz, um turbante na cabeça, sandálias nos pés. Como na sua peregrinação nove anos atrás, ele vai a Belém e Jerusalém. Depois, a pé, vai, passando pela Samaria, até a Galiléia. No dia 5 de março chega a Nazaré e dorme no convento franciscano. Na manhã seguinte, ele vai até as clarissas — é o aniversário da sua fundadora — e permanece durante muito tempo na capela, em oração. A irmã sacristã o vigia, pensando que seja um ladrão. Um franciscano o recomenda à abadessa e esta aceita Foucauld como empregado doméstico.

O eremitério de irmão Charles, uma cabana de tábuas na vizinhança do mosteiro das clarissas em Nazaré.

Ele mora numa pequena cabana onde normalmente são guardadas ferramentas, e executa todo tipo de trabalho, desde a carpintaria até a alvenaria. "Sou servidor e servo de uma pequena comunidade religiosa." Ele está feliz.

A meditação da Bíblia ocupa-o várias horas por dia, e ele anota suas meditações, conforme a recomendação do padre Huvelin. Suas anotações, muitas vezes feitas de joelho diante do Santíssimo, são uma série de pensamentos muito simples e muito singelos. Neles, expressa freqüentemente seu desejo de se entregar totalmente a Deus-Pai. Assim diz numa meditação sobre a palavra de Cristo na cruz: "Pai, em tuas mãos entrego meu espírito":

> Meu Pai, eu me entrego em tuas mãos; faz comigo o que queres. Seja o que for que fazes comigo, eu te agradeço. Estou pronto para tudo, aceito tudo. Se apenas tua vontade se cumpre em mim e em todas as tuas criaturas, não anseio mais nada, meu Deus. Em tuas mãos entrego minha alma. E a dou a ti, meu Deus, com todo o amor do meu coração, porque eu te amo e porque esse amor me compele a me entregar a ti, sem medida, com confiança. Pois tu és o meu Pai.

Nessas meditações, ele afirma continuamente sua vontade de imitar, o mais exatamente possível, a vida de Jesus de Nazaré. Dessa maneira, "irmão Charles" — por este nome é conhecido em Nazaré — escreve no dia 11 de novembro de 1897: "Meu Jesus, quão rapidamente será pobre quem te ama de todo o coração; porque não poderá suportar ser mais rico do que seu amado [...]. Meu Deus, não sei como alguns conseguem isso: ver-te pobre e gostar de permanecer ricos; considerar-se maiores que seu Senhor e Mestre; não querer, no que lhes diz respeito, se assemelhar a ti em tudo, sobretudo em tua humilhação. Não vou negar que eles te amem, meu Deus, mas acredito que alguma coisa falte nesse amor; em todo caso, não consigo entender como se pode amar sem um desejo, um desejo imperativo de conformidade, de semelhança e, sobretudo, de compartilhamento de todas as penas, todas as dificuldades, todas as durezas da vida".

54

Ele faz compras na cidade para as clarissas, e a criançada nas ruas zomba dele por causa de seu jeito. Os trabalhos mais humildes não lhe são repugnantes. Ele gostaria de viver ali até sua morte. No entanto, desde os massacres de Akbês, um desejo permanece vivo nele: no dia de Pentecostes de 1897, ele escreveu: "Imagina que hás de morrer mártir, assaltado e roubado, estendido na terra, nu, menosprezado, coberto de sangue e feridas, morto violentamente e sob grandes dores [...] e deseja que isto aconteça ainda hoje. Para que eu te faça esta graça infinita, sê fiel em vigiar e em carregar a cruz. Considera que toda a tua vida precisa ser uma preparação para esta morte". Mesmo que ele tenha se enraizado nessa estranha Nazaré, anônimo e discreto, irmão Charles se sente torturado em sua consciência pelo desejo de ensinar aos outros a mansidão de Jesus e de sua mensagem. Continuamente, ele acrescenta à sua oração uma dimensão universal: "Devo me diluir no universo inteiro, através de minhas orações, que devem abranger todos os seres humanos [...]. Nosso coração, como o Coração de Jesus, deve abraçar toda a humanidade".

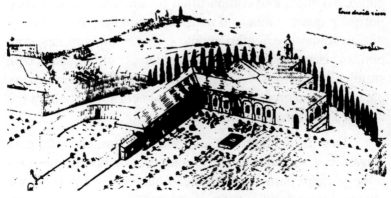

O mosteiro das clarissas em Jerusalém.
Desenho de 1898 feito por irmão Charles.

No dia 15 de setembro de 1898 ele faz quarenta anos. No dia do seu aniversário ele se encontra em Jerusalém; a abadessa de Nazaré o tinha enviado para levar uma carta à abadessa das clarissas em Jerusalém. Esta última quer sondar esse empregado doméstico de quem ouviu falar tanta coisa boa. Ela o interroga profundamente e consegue fazê-lo declarar o que lhe comove no seu íntimo mais profundo: o desejo de fundar uma congregação cujo objetivo é levar a vida de Nazaré. A abadessa o aconselha a permanecer em Jerusalém e a procurar companheiros. Ela o envia até a Akbês, onde um homem jovem, Pierre, lhe tinha dito dois anos antes que gostaria muito de segui-lo. Foucauld parte de navio e consegue encontrar Pierre. Mas este já não quer abandonar sua mãe. Foucauld volta sozinho para a Terra Santa, mas dessa vez permanece em Jerusalém, onde, de novo, se torna empregado doméstico no convento das clarissas. A abadessa o convence de que seria mais fácil fundar uma congregação se ele fosse sacerdote. Sua reação é uma carta ao padre Huvelin: "O que estou sonhando, em segredo, sem confessá-lo a mim mesmo, sem me permitir este sonho que volta cada vez que eu o espanto, e o que quero compartilhar justamente com o senhor, porque é quem conhece o mais profundo de minha alma, o que eu sonho involuntariamente é algo muito simples, com poucas pessoas, semelhante às primeiras comunidades bem simples dos tempos da Igreja primitiva [...]". Em Jerusalém, ele vive como eremita. Ele deixa sua cela somente para ir à capela e não tem nenhum trabalho.

Depois de quatro meses em Jerusalém, ele volta para Nazaré e, em junho de 1899, começa a elaborar uma nova e longa regra para a congregação que espera fundar e que chama agora de "Eremitas do Coração de Jesus". "Estou aguardando", escreve em março de 1900 ao padre Huvelin, "Deus mesmo me trouxe aqui. Se for da vontade dele que eu parta — se for isso que ele quer, o que não me parece claro —, então ele me indicará isso claramente por meio da voz do senhor, querido Pai, ou através dos acontecimentos".

Contudo, ele também diz que está impaciente. Isso o faz envolver-se numa história complicada. Ele ouve dizer que a colina tida como o Monte das Bem-Aventuranças, pertencente aos turcos, está à venda.

Charles de Foucauld, em 1900, com o seu sobrinho Charles de Blic, que conheceu na ocasião de uma visita que fez à sua irmã no castelo de Barbirey.

Foucauld quer comprá-lo a qualquer preço e fazer dele o centro da fundação de sua congregação. Ele escreve à sua família e pede o dinheiro necessário. Depois, a abadessa de Jerusalém insiste que ele viaje a Paris, para pedir esmolas para as clarissas e, aproveitando a oportunidade, visitar o padre Huvelin. Assim, ele poderia pedir sua ordenação sacerdotal, preparar-se para ela em Notre-Dame des Neiges e depois poderia voltar ao Monte das Bem-Aventuranças, viver ali como eremita e aguardar seus companheiros. Na realidade, o negócio do Monte das Bem-Aventuranças estendeu-se por anos. Somente em 1906, os franciscanos puderam assumir o terreno onde construíram finalmente em 1938 sua imponente igreja.

Em agosto de 1900, Foucauld toma um navio rumo à França, com uma nova incumbência da abadessa.

Irmão Charles em Bêni Abbês.

Capítulo 5

IRMÃO

Sacerdote livre

O padre Huvelin estava preocupado: já em Akbês, Foucauld tinha manifestado sua decepção com a trapa. Depois, em Nazaré, ele encontrou a vida de Nazaré, mas logo se sentiu inquietado pelas mesmas perguntas: devia ele ficar ou não em Nazaré? Era ali que estava sua vocação? Ele dedica novamente atenção à trapa, cujo "espírito atualmente", como escreve ao padre Huvelin, não é o que ele quer, mas onde ele poderia introduzir reformas ao tornar-se prior de Akbês, como foi desejado. Em 1898, Foucauld se sente sacudido entre projetos divergentes. Este homem, agora com quarenta anos, já não sabe mais o que fazer de sua vida. Continua sendo um grande ativista e organizador. Ele gostaria de colaborar com a fundação de trapas como Akbês, lá no Oriente, com "um orfanato, uma casa de hóspedes, um ambulatório, educando crianças, fazendo todo bem possível num grande raio em torno delas" (3 de março de 1898). "Eu aconselhei o senhor a permanecer em Nazaré", responde-lhe o padre Huvelin. "O senhor deve permanecer em Nazaré", esta frase volta continuamente nas cartas do padre.

Agora, Foucauld anseia também pela ordenação sacerdotal. Antigamente, ele a tinha recusado energicamente, mas agora a deseja cada vez mais, vinculada ao desejo de fundar uma congregação conforme suas visões. E quando uma vez um projeto se estabelece no espírito de Foucauld, nada o consegue parar.

O padre Huvelin procura canalizar as ondas do novo entusiasmo. Foucauld está em Notre-Dame des Neiges, preparando-se para a ordenação sacerdotal. Huvelin o aconselha a permanecer ali por bastante tempo após a ordenação. Ele admite agora a "visão" de Foucauld de "uma família reunida em torno de Jesus", mas lhe escreve: "Para isso, meu caro, é preciso maturidade e preparação". Foucauld continua desenvolvendo suas idéias e, conseqüentemente, ele muda o nome: os "Eremitas" tornam-se "Os Irmãozinhos de Jesus".

Em 9 de junho de 1901, Foucauld é ordenado sacerdote na capela do seminário sacerdotal da diocese de Viviers. Mas, agora, ele não pensa mais na Terra Santa. Durante os nove meses de preparação, se impôs a Foucauld um outro projeto: a África. Ele quer voltar para a região de onde saiu como explorador e conquistador, e quer humildemente mostrar Cristo aos povos que ainda não o conhecem. Ele quer viver, como sacerdote, para aquelas pessoas que são as mais afastadas de Deus, quer levar a eucaristia "não aos parentes, aos vizinhos ricos, mas aos coxos, cegos e pobres". Há muitos sacerdotes na Terra Santa, mas não em Marrocos. Ele escreve a um amigo: "Na minha juventude viajei pela Argélia, por Marrocos. No interior de Marrocos que, com seus dez milhões de habitantes, é tão grande como a França, não há um único sacerdote".

O amigo a quem ele escreve é Henry de Castries, um dos melhores conhecedores da África do Norte; irmão Charles gostaria de receber uma ajuda dele, para saber das mudanças em Marrocos e como ele poderia entrar ali. Qual é, exatamente, o seu projeto? "Fundar perto da fronteira de

Marrocos não uma trapa, não uma abadia grande e rica, também não um empreendimento agrícola, mas uma espécie de eremitério, pequeno e humilde, onde alguns monges pobres poderiam, num pequeno espaço, viver de frutas e de um pouco de cevada, colhidas por suas próprias mãos. A tarefa deles: penitência e adoração ao Santíssimo Sacramento. Não devem sair da clausura, nem pregar, mas oferecer sua hospitalidade a quem vier, seja uma pessoa boa ou má, amiga ou inimiga, muçulmana ou cristã [...]. Este é o anúncio do Evangelho, não por meio da palavra, mas por meio da presença do Senhor no Santíssimo Sacramento do altar, oferenda do sacrifício sagrado, oração, penitência, uma vida segundo os conselhos evangélicos, o amor ao próximo — um amor fraterno e abrangente, que compartilha com cada pobre, cada desconhecido, até o último pedaço de pão, recebendo cada ser humano como um irmão amado [...]."

Ele quer conceder hospitalidade a todas as pessoas, "aos viajantes, às caravanas e também aos nossos soldados".

Henry de Castries lhe escreve e Foucauld responde: "O senhor compreendeu perfeitamente o que quero fundar: uma *zauja*". Durante sua viagem a Marrocos, Foucauld conheceu tais *zaujas*, pequenos centros de hospitalidade mantidos por "fraternidades" muçulmanas, lugares onde se pratica a regra da hospitalidade. Foucauld se adapta ao país onde quer viver e ao islã, no qual a acolhida do pobre, até do inimigo, é uma grande tradição. Ele quer estabelecer uma "*zauja* de oração e hospitalidade" e, com ajuda desse modelo, realizar seu projeto de um mosteiro extremamente pobre. Nesse modo de vida e de presença, ele quer receber viajantes e os fazer conhecer Cristo.

Foucauld realiza seu projeto de levar o Evangelho aos pobres com sua tenacidade habitual, mas também com exigências exatas e pertinentes: ele quer se fixar num lugar onde poderá "entrar em relação com os marroquinos", da melhor maneira possível. Foi deixado claro que ele não podia entrar em Marrocos. Portanto, ele procura "o melhor ponto a partir do qual, posteriormente, poder-se-á penetrar, pouco a pouco, o lado em que Marrocos é mais facilmente acessível para uma evangelização [...]. Penso que seja o sul [...]; parece-me que eu deveria escolher algum ponto de água *isolado* entre Ain Sefra e o Tuat".

Irmão universal

O padre Huvelin cuida das relações com as autoridades eclesiásticas da África do Norte. Irmão Charles recebe a permissão de estabelecer-se na África do Norte como "sacerdote livre da diocese de Viviers". No dia 10 de setembro de 1901, ele desembarca em Argel, onde é esperado pelo Prefeito Apostólico (bispo) do Saara, dom Charles Guérin, da congregação dos Padres Brancos. Além disso, ele precisa da permissão das autoridades militares para estabelecer-se no sul. Antigos amigos do exército finalmente conseguem obtê-la.

Antes de partir, em uma carta à sua irmã, Foucauld tinha sintetizado seus planos assim: "Vou para o sul da província de Oran, até a fronteira de Marrocos, para uma das guarnições francesas sem sacerdote, viver lá como monge, em silêncio e retraído do mundo exterior, sem título de pároco ou capelão; como monge, em oração, e administrando os sacramentos. O objetivo é duplo:

Primeiro: Impedir que os nossos soldados morram sem os sacramentos, nesses lugares onde a febre mata muitos e onde não há sacerdote perto.

Segundo: Sobretudo fazer o máximo possível de bem à população muçulmana tão numerosa e tão abandonada, levando até ela Jesus na eucaristia, assim como Maria foi uma bênção para João Batista, levando Jesus até ele".

No dia 15 de outubro de 1901, irmão Charles toma o trem de Argel para Oran e Ain Sefra. Lá é recebido cerimoniosamente pelo general que comanda a região. É obrigado a aceitar uma escolta e um cavalo para ir até Bêni Abbês. Foucauld teria preferido chegar a Bêni Abbês como pobre monge, mas o exército põe sua mão protetora sobre ele. Ele alcança o oásis perto da fronteira marroquina no dia 28 de outubro.

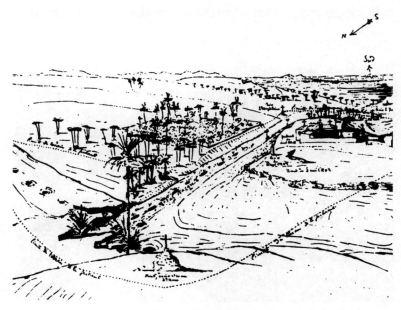

Vista de Bêni Abbês. Desenho de 1903 feito por irmão Charles.

A guarnição é composta por oitocentos homens, entre eles duzentos franceses. Com seis mil tamareiras, Bêni Abbês é o maior oásis daquela região chamada Saúra.

Ao oeste estende-se um deserto de pedras, uma *hamada*, no leste, um deserto de areia. Bêni Abbês é um jardim; para os muçulmanos, o paraíso é um jardim. Foucauld se estabelece num pequeno vale lateral. Com troncos de tamareiras e tijolos de adobe, a guarnição lhe constrói um conjunto composto por uma capela, três celas e um pequeno quarto de hóspedes. Como imagem atrás do altar, Foucauld desenhou um grande Jesus de braços abertos e um coração visível que "estende seus braços para abraçar todas as pessoas, atraí-las até si, para chamá-las e se dar a todas, para oferecer-lhes o seu coração". Foucauld escreve que ele se encontra "num lugar solitário, numa pequena depressão abandonada, mas irrigável

Poço e jardim do eremitério de irmão Charles em Bêni Abbês.

(há muita água em Bêni Abbês), que eu transformarei, com a ajuda de Deus, em jardim".

Novamente, Foucauld faz a experiência que o atingiu como um golpe, vinte anos atrás, em seu primeiro encontro com a África. Também Ernest Psichari, o neto de Renan, ficou marcado por ela: "Sabendo que na África estão acontecendo grandes coisas, posso exigir tudo dela e isso faz com que possa exigir tudo de mim. Sendo que a África é a corporificação da eternidade, exijo dela que me dê o verdadeiro, o bem, o belo, nada menos que isso [...]. Sidia acaba de chegar e, enquanto sua mão aponta para o horizonte, ele me diz, comovido e transformado: 'Deus é grande'".

Foucauld experimenta novamente esse milagre, esse êxtase de areia e sol. Muitas vezes ainda falará da beleza dessa paisagem, do profundo impacto que ela causa e que o aproxima de Deus: "A extraordinária harmonia de sua forma, os jardins bem conservados, o ar de prosperidade que oferece fazem este oásis parecer tão belo [...]; e, além desta imagem pacata e alegre, têm-se os horizontes quase infinitos do deserto rochoso que se perdem neste maravilhoso céu do Saara. Os pensamentos vagueiam para o infinito e para Deus, o Altíssimo: Allah Akbar (Deus é grande)".

A população do oásis — cento e trinta famílias — é muito pobre, composta majoritariamente por pequenos camponeses negros que estão constantemente sob a ameaça de assaltos: saqueadores marroquinos roubam suas escassas colheitas e raptam seus filhos e filhas para vendê-los como escravos. Foucauld vive como os nativos, de tâmaras, mel e pão sírio, feito de cevada: "A minha vida é feita de oração, depois segue (o que exige muito tempo) a recepção das visitas, entre eles alguns oficiais, muitos soldados, muitos árabes, muitos pobres, aos quais ofereço, na medida do possível, cevada e tâmaras".

Como ele se chama, por que quer ser chamado de *"Khauja Charles"*, irmão Charles? Ele diz que quer ser "o irmão de todos", o irmão dos soldados e dos nativos. Ele não quer cercas em torno de sua casa, que, segundo sua intenção, deve se parecer com uma pequena fraternidade, uma *"khauja"*: "Os nativos começam a chamá-la de *khauja* e a compreender que os pobres têm nela um irmão — mas não somente os pobres, e sim todos os seres humanos [...]. Eu quero acostumar todos os habitantes, cristãos, muçulmanos, judeus e idólatras, a me perceberem como seu irmão, como um irmão universal. Eles começam a chamar a casa 'a fraternidade' (*khauja*, em árabe) e isto me deixa muito contente".

É verdade que ele vive próximo da guarnição, que ele se torna amigo de seu chefe, capitão Regnaut, mas ele está mais próximo ainda dos pobres; e logo o provará.

Luta contra a escravidão

Menos que três meses depois de sua chegada, Foucauld começa a escrever cartas muito severas sobre a escravidão que a França aboliu, oficialmente, na Argélia, mas que tolera no Saara, por respeito aos chefes locais: "A maior praga deste país é a escravidão". Para ele, é a "questão mais urgente e mais importante": "Aqui, infelizmente, a escravidão floresce, como dois mil anos atrás, publicamente, sob os olhos e com a permissão do governo francês [...]. Aqui, a escravidão floresce sem nenhum obstáculo, abertamente: quando as autoridades francesas entraram neste país, declararam em alta voz que ela permaneceria em vigor [...]; há um grande número de escravos". "Os seus donos, depois de ter conseguido deles o trabalho desejado, não lhes dão nada de alimento, nada de vestimenta, nada de moradia; eles os deixam ao relento, dizendo-lhes que se arranjem com o que for necessário, do jeito que puderem. Os escravos não podem adquirir posses e, portanto, nunca podem resgatar a si mesmos. Levam uma subvida em extrema miséria material, mas sua miséria moral é maior ainda. Quase sem religião, vivem em ódio e desespero".

Irmão Charles quer começar com os mais pobres e formar "as primeiras comunidades cristãs deste país", "do mesmo modo como aconteceu, em grande parte, com os primeiros cristãos de Roma: com os escravos".

Mas a situação está tensa. Foucauld sabe perfeitamente que, lutando contra a escravidão, está comprando uma briga "com as autoridades francesas e com os donos árabes". Num primeiro momento, ele acolhe escravos na sua casa, lhes dá comida e os consola, mas não sabe bem o que fazer. Ele escreve ao bispo do Saara: "Até nova ordem, faço o seguinte: em vez de pregar-lhes a fuga ou a revolta, eu os admoesto para a paciência, dizendo-lhes para permanecerem onde estão, e que, com o tempo, Deus lhes dará alívio e liberdade".

Contudo, ele não consegue se contentar com palavras bonitas. É preciso atacar as raízes do mal. Foucauld constata: "Em Madagascar, o geral Galliéni aboliu a escravidão de um dia para outro, e com um único traço de pena, embora alguns madagascarenses possuíssem oitocentos escravos e houvesse muitos mercados de escravos. Os oficiais daqui e nos postos vizinhos (Taghit etc.) são unânimes em seu desejo de abolir a escravidão e libertar os escravos, mas a ordem precisaria

Irmão Charles com Paul Bonita e o pequeno Abd-Jesus, dois escravos resgatados por ele, e o capitão Regnault, comandante da guarnição de Bêni Abbês.

vir de cima: porque é pela ordem do general Risbourg, confirmada pelo coronel Billet, que a escravidão é mantida. As autoridades supremas, ao entrarem no país, declararam que não seria alterado nada quanto à condição dos escravos. Mais ainda, um oficial do Escritório Árabe, ao qual recorreu um escravo pobre dos marabutos de Kersaz, foi obrigado, *pela ordem explícita* do general Risbourg, a mandá-lo de volta aos seus marabutos, que tinham exigido isso do general: depois de semelhantes ocorrências, os Escritórios Árabes, apesar de seu desejo de libertação e justiça, não ousam agir sem ordem superior [...]".

Ele quer que se faça "apelo à Câmara ou ao Senado". Ele ataca a República da França como tal: "Ai de vós, hipócritas! Vós que imprimis nos selos e em todas as partes as palavras 'Liberdade, Igualdade, Fraternidade, Direitos Humanos' e que forjais algemas para os escravos; que condenais às galeras os que falsificam vossas cédulas, mas que permitis roubar dos pais os filhos e filhas e vendê-los publicamente; que castigais o furto de uma galinha e permitis o roubo de um ser humano".

Irmão Charles sabe perfeitamente que está se envolvendo numa ação política; como diz, não gostaria de se meter com "um governo deste mundo", mas, "quando um governo deste mundo comete uma injustiça grave contra seres humanos pelos quais, em certa medida, somos responsáveis (sou o único sacerdote num raio de trezentos quilômetros), é preciso dizê-lo a ele, pois representamos na terra a justiça e a verdade, e não temos o direito de bancar as 'sentinelas adormecidas', de ser 'cães mudos' ou 'pastores indiferentes'".

Portanto, ele quer "levantar a voz", "tornar conhecidos, na França, a injustiça e o roubo sancionado de seres humanos que é a escravatura". Ele pede urgentemente que dom Guérin venha para se convencer, aqui e agora, desta "realidade monstruosa da escravidão".

Ele descarta veementemente todas as objeções de tipo econômico. "Dizem: os escravos são necessários neste país

[...]; precisa-se deles para a agricultura [...]; sem eles, os oásis perecerão. Isso não é verdade [...]. A verdade é que muitos oásis, e sobretudo os mais prósperos, não possuem nenhum ou quase nenhum escravo [...]. Os que realmente têm muitos escravos são os nômades e os marabutos; tanto os primeiros quanto os segundos nunca trabalham, passam sua vida inteira à toa, na ociosidade, e na primeira ocasião vão se sublevar contra nós. Portanto, com a libertação dos escravos, nós os obrigamos a trabalhar um pouco, o que contribuirá, ao mesmo tempo, com sua reeducação".

Com Henry de Castries, ele pode argumentar concretamente: ele quer que a consciência dos franceses seja despertada, acusando-os de covardia e desprezando-os por causa da escravidão: "Ao permitir a escravidão, ao chegar a sustentá-la, merecemos *desprezo* — este é o fruto natural da injustiça. Os nativos sabem que desaprovamos a escravidão, que nós não a permitimos entre nós e que a proibimos na Argélia. Vendo que nós nos prestamos a apoiá-la entre eles, dizem: 'Eles não se atrevem, eles têm medo de nós', e nos *desprezam*. E eles têm razão. É certo desprezar àqueles que, conscientemente, atuam contra sua consciência, de modo injusto e por medo dos homens. Nenhum poder humano tem o direito de agrilhoar esses infelizes que Deus criou tão livres como nós. Ao permitir aos seus supostos donos mantê-los presos, servindo-se de violência, organizar caças quando fogem, entregá-los quando se refugiam às autoridades francesas, esperando em vão encontrar ali proteção e justiça —, ao fazer isso, rouba-se deles um dos seus bens mais indispensáveis [...]. É, de fato, justo que os nativos nos desprezem quando, por medo, colaboramos com tal infâmia".

Henry de Castries propõe que Foucauld procure o barão Cochin, um "fervoroso lutador contra a escravatura e defensor dessas questões na Câmara", e Foucauld comunica isso a dom Guérin. Este, porém, evita enfrentar o assunto em sua viagem planejada para a França. Na sua volta à Argélia, encontra o superior geral dos Padres Brancos, que exige silêncio. Dom Guérin transmite esta decisão a irmão Charles. "Sequer se pode sonhar com uma denúncia oficial dos acontecimentos naquelas regiões."

Foucauld responde, no dia 30 de setembro de 1902, que ele obedecerá nos mínimos detalhes à orientação de seu bispo, mas, na verdade, está profundamente magoado. Assim, acrescenta: "Não posso aceitar esta justificação — e digo isso pela última vez — sem lamentar que os lugares-tenentes de Jesus se contentam em defender às escondidas e não 'sobre os telhados' uma causa que é um assunto de justiça e de caridade".

Foucauld continua ajudando os escravos onde os encontra. Ele usa uma grande parte do dinheiro enviado por sua família para resgatar os escravos, mas ele sabe bem que isso apenas evita coisas piores e que, na verdade, é preciso mudar as leis. Ele prossegue com sua ofensiva. Em janeiro de 1903, escreve à sua prima: "Tente divulgar quão amplamente a escravatura é difundida aqui, autorizada e admitida pelas autoridades francesas. Seria necessário ou um ato do governo que, de uma vez por todas, acabasse com esta injustiça, ou pessoas de caridade deveriam levantar meios para resgatar os escravos mais pobres. O primeiro seria o melhor, porque a situação é uma abominação".

Somente três anos depois da chegada de Foucauld a Bêni Abbês são finalmente tomadas medidas contra a escravidão. A ação de irmão Charles não foi em vão. Com grande satisfação, ele escreve no dia 15 de dezembro de 1904 a

Henry de Castries: "Unanimemente, o Conselho Administrativo dos oásis decidiu medidas para a abolição da escravidão: não em um dia, isso não seria prudente, mas gradativamente, de tal maneira que, em pouco tempo, não haverá mais escravos. No sentido antigo da palavra, já agora eles não existem mais: o comércio de escravos é severamente proibido. Quem ainda é escravo já não pode mudar de dono. Os que não são bem tratados são libertos pelo Conselho Administrativo [...]. Um grande passo, uma grande felicidade [...]".

O exército francês de ocupação

A *"khauja"* está sempre cheia: Foucauld recebe visitas "das quatro e meia da manhã até as oito horas da noite", exceto nas horas de calor, das dez até as quinze horas. Foucauld celebra a missa às quatro horas, e depois a multidão já começa a chegar. São até sessenta crianças que vêm diariamente. Ele descreve um de seus dias assim: "Encontro com vinte escravos; acolhida de trinta até quarenta viajantes; distribuição de remédios a dez até quinze pessoas, distribuição de esmolas a mais de setenta e cinco mendigos". — "Estou tão sobrecarregado de ocupações exteriores que não tenho nem um instante para ler, e pouco tempo para a meditação. A cada instante, os pobres soldados me procuram. A pequena casa que consegui construir para os escravos está constantemente ocupada, os viajantes vêm diretamente à 'fraternidade', os pobres são uma multidão [...]. Todos os dias, hóspedes para jantar, pernoitar, café da manhã. Sempre está tudo ocupado, há até doze hóspedes para pernoitar, sem contar um velho doente que fica direto. Recebo entre sessenta e cem visitas por dia."

Irmão Charles celebra a missa no seu eremitério de Bêni Abbês. O general Lyautey relata: "Nunca vi a missa ser celebrada assim como o faz o padre de Foucauld [...]".

Qual é o propósito que tomou no retiro de 1902? "Ordem e atividade." Portanto, os tempos de oração e meditação são bem curtos, e até a Eucaristia é naturalmente sacrificada.

Vimos que ele acolhe a todos, os pobres, os escravos, "os viajantes pobres", que "encontram na fraternidade também um abrigo humilde e uma refeição singela", mas também "os soldados pobres". Na guarnição vivem franceses, em sua maioria oficiais e suboficiais, mas também simples praças, entre eles muitos africanos negros, e muitos deles estão doentes, principalmente de tuberculose. Irmão Charles, com a cabeça sempre cheia de projetos, observou que o clima de Bêni-Abbês é particularmente saudável; por isso gostaria que fosse estabelecido ali um hospital militar e um sanatório.

Sua "fraternidade" localiza-se a certa distância tanto do povoado quanto da guarnição. Ele quer estabelecer uma boa relação com os oficiais, "ser amável para com eles, tornar-se amigo, confidente de cada um deles", e, sobretudo, estar à disposição dos soldados: "Tornar-se querido entre eles, instruí-los, servi-los, reuni-los para conversas em horas de folga aos domingos e durante a semana [...], acostumá-los a considerar nossa casa como a casa deles". Ele julga sem preconceitos a atuação do exército francês naquela região e lamenta sobretudo a presença de certas tropas: "Um dos grandes erros da nossa ocupação do Sul é o envio, a certos postos (tais como Bêni Abbês, Tarit, Igli etc.), de determinadas companhias do batalhão da África [...]. Enquanto os oficiais dos Escritórios Árabes se esforçam em ganhar a simpatia dos nativos, com bondade, justiça e esmolas, estes soldados infelizes se perdem cada vez mais, praticam abertamente todos os tipos de vícios e fazem com que os franceses e a França sejam menosprezados. Deveriam ser banidos para longe da população, para Khreider, Mecheria e outros postos semelhantes, onde ninguém pode vê-los [...]".

Irmão Charles em Bêni Abbês.

Mas será que Foucauld concorda sem contestação com esta "ocupação", como ele diz, do Saara pela França? Em sua visão, o exército francês pode ser comparado às legiões romanas que, na época de Jesus, conquistaram a Palestina; por

Irmão Charles com os beduínos em Bêni Abbês.

meio de uma espécie de contragolpe, o Evangelho foi divulgado pelo mundo romano afora e o conquistou para Cristo. É dessa forma, acha Foucauld, que também a presença do exército pode "preparar e favorecer" o futuro anúncio do Evangelho. Será que essa não é uma interpretação simplista e demasiadamente cômoda? No contexto de seu tempo, ela representa uma ruptura com muitas ideologias conquistadoras "missionaristas".

Aliás, Foucauld atribui ao exército uma função importante na proteção dos pobres. De fato, os *harratin* (os pequenos agricultores) e os escravos são continuamente vítimas de saques. Foucauld pressiona freqüentemente seu amigo, "o bom capitão Regnault", para encaminhar "ações de paz". Isso significa defender os *harratin* contra os assaltantes e lhes propiciar uma vida em paz.

Foucauld vive em Bêni Abbês, mas seus pensamentos e seus projetos vão constantemente para Marrocos. Ele procura informações sobre a história desse país, sobre a primeira cristianização pelos discípulos de Francisco de Assis. Ele gostaria tanto de "dar um pulo" até Marrocos, como escreve em janeiro de 1903. E também escreve à sua prima: "Para voltar ao assunto de Marrocos, você entende que me instalei aqui em Bêni Abbês, portanto, *perto de sua fronteira*, com a segunda intenção de levar para dentro dele o Evangelho; continuo me exercitando em silêncio e contemplação, pois nisso reside minha vocação; não estou pregando como os primeiros discípulos de são Francisco; essa não é minha vocação e não me parece a maneira certa de ensinar as pessoas a conhecer e amar Jesus. Ao contrário, depois de ter fundado em Bêni Abbês um ponto monástico de religiosos pobres para a adoração do Santíssimo, é meu objetivo fundar outros desse tipo, aos poucos, em Marrocos. Enquanto estou preparando isso a distância, com ajuda de relações com marroquinos, estou criando as condições para me aceitarem entre eles, dando-lhes hospitalidade fraterna".

Foucauld não perdeu de vista a fundação dos "Irmãozinhos". A regra deles foi entregue ao seu bispo, dom Guérin, na sua chegada a Argélia, em setembro de 1901. "Não duvido que, daqui a alguns anos, a situação mudará e lhe facilitará o acesso a esta região." Em janeiro de 1903, ele redige um "projeto missionário para Marrocos", sem dúvida destinado, por enquanto, aos superiores de congregações religiosas. Sua idéia de fundar pessoalmente uma congregação é mais viva do que nunca. "O melhor que acredito poder fazer para a conversão de Marrocos é a organização de uma pequena turma de religiosos, dedicados, ao mesmo tempo, à contemplação e à beneficência, vivendo pobremente do trabalho de suas mãos. Sua regra pode ser resumida em três pontos: adoração perpétua diante do Santíssimo exposto, seguimento da vida oculta de Jesus em Nazaré, vida nos países de missão. Essa pequena legião estaria disposta a se atrever como vanguarda para o campo de missão de Marrocos".

"Legião", "vanguarda", esses termos do âmbito militar saem naturalmente de sua pena, mas, em seus pensamentos, estes soldados de Deus deveriam se tornar "dispostos a morrer com e por Jesus, a renunciar a tudo, com e por Jesus".

Importante neste projeto é também o fato de que Foucauld gostaria de penetrar em Marrocos não seguindo o exército francês, mas antes dele; não com franceses, mas com marroquinos. Ele pensa de modo totalmente coerente: trata-se de levar ali a vida de Nazaré, para preparar a vida pública de Jesus, quer dizer, o anúncio direto do Evangelho: "Eu espero poder, num futuro próximo, entrar com alguns marroquinos no país deles. Primeiro só por alguns dias, depois por algumas semanas e mais tarde por alguns meses, para comprar ali um pequeno terreno onde poderia ser estabelecida uma nova 'Fraternidade do Coração de Jesus'. Dessa maneira, se avançaria passo a passo. A pastoral das almas, a hospitalidade, o resgate e a libertação dos escravos, bem como a oferta do sacrifício divino, reconciliarão os corações e abrirão os caminhos para uma pregação aberta. A hora da pregação aberta chegará tanto mais rápido quanto mais zelosa e numerosa se apresentar esta vanguarda".

Ele gostaria de dar esse primeiro passo para Marrocos com um companheiro. Mas ainda não tem ninguém e, além disso, as autoridades militares rejeitam tal empreendimento por causa da insegurança.

Irmão Charles em Tamanrásset.

Capítulo 6

SEMPRE ADIANTE

O chamado do Sul

Na festa de Pentecostes de 1903, dom Guérin vem a Bêni Abbês, e irmão Charles tem a ocasião de conversar em detalhes com seu bispo sobre a primeira evangelização e sobre o procedimento posterior. Ele lhe diz que considera necessária, mais do que nunca, "a primeira evangelização", e que, para isso, precisa-se de "monges pobres que trabalhem com suas próprias mãos e vivam de seu trabalho, como Jesus de Nazaré". Depois da partida de dom Guérin, Foucauld se sente solitário e lhe escreve isso: "Segunda-feira à noite, quando o senhor desapareceu aos poucos na escuridão, me senti solitário, pela primeira vez em muitos anos".

Contudo, se naquele momento Marrocos parece continuar inacessível, o sul parece muito mais aberto. Irmão Charles ouve falar cada vez mais de projetos como aquele de seu amigo comandante Henry Laperrine, que se interessa tanto pelo sul do Saara como Lyautey por Marrocos. Desde abril de 1903, Laperrine estava tentando convencer Foucauld. Ele lhe envia um oficial, a quem diz: "Foucauld pensa somente em Marrocos. As lembranças da sua juventude não o deixam ficar quieto. Nesse sentido não se pode fazer nada; ele é um cabeça dura. É preciso convencê-lo a encontrar-se conosco".

O verão de 1903 traz muitas notícias sobre o Hoggar e sobre os tuaregues. Em junho, Laperrine conta a Foucauld sobre uma tuaregue, mulher nobre de aproximadamente quarenta anos. Em 1881, quando os participantes da expedição do coronel Flatters, que tinham invadido o sul para explorar as possibilidades de uma ferrovia entre a Argélia e a África Negra e foram mortos pelos tuaregues, esta mulher tinha se oposto ao assassinato dos feridos. Lapperine ouviu falar dessa mulher.

Os tuaregues! Esse nome traz muitas lembranças a Foucauld. Comentou-se muito o fracasso da expedição de Flatters. Foi no mesmo ano em que Foucauld decidiu fazer sua viagem de estudos por Marrocos. E essa expedição de Flatters tinha também um vínculo com seu mestre, o explorador Duveyrier, que Foucauld chamou em 1886 de seu "amigo extraordinário". Este fora para lá já em 1860 e depois publicara suas ricas observações sobre as tribos setentrionais dos tuaregues. Entusiasmado por aqueles tuaregues que tinha conhecido, Duveyrier os descrevera como dignos de confiança. O massacre da expedição o perturbara profundamente, mas, de fato, não foram seus amigos das tribos setentrionais que cometeram o crime, e sim os do Hoggar. Duveyrier, desesperado por sentir-se responsável, acabou se suicidando.

Algo mais recente e mais próximo havia acontecido: em 1896 foi assassinado seu amigo de Saumur, amigo e companheiro de todas as festas, o audacioso marquês de Morès. Também ele tinha tentado explorar o sul e igualmente fora assassinado pelos tuaregues.

Mais ainda que Marrocos, o sul significa um risco, uma aventura, um perigo, talvez até o martírio. Mas, naquela fase, nada disso atraía Foucauld; as razões que ele apresenta ao padre Huvelin e ao seu bispo parecem racionais e lógicas.

A Serra do Hoggar, no sul do Saara, perto de Tamanrásset.

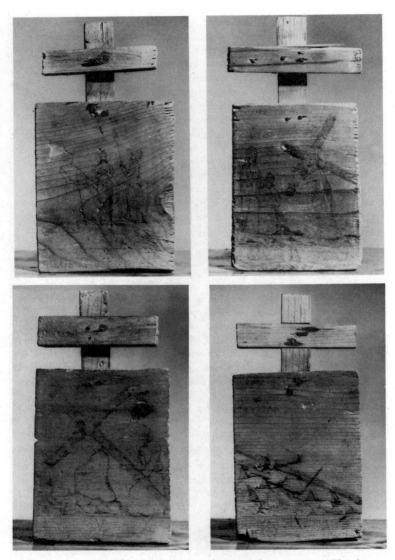

Quatro estações da Via-Sacra confeccionada por irmão Charles para sua capela em Bêni Abbês.

Estão principalmente enraizadas na paixão daquele homem cujo lema familiar é "Nunca para trás", e cujo temperamento o impele incessantemente mais adiante, mais longe.

Dom Guérin o deixa agir. O padre Huvelin lhe escreve: "Que o senhor vá onde o Espírito Santo o impelir". E Laperrin fica muito feliz em outorgar a Foucauld a permissão de ir para o sul. Mas, na verdade, ele não é autorizado a fazê-lo. "Eu me arranjarei com as circunstâncias e as possibilidades", escreve Foucauld a sua prima. No dia 13 de janeiro de 1904, ele parte com uma tropa militar, acompanhado por um jovem negro, Paulo, a quem ele libertou da escravidão.

Irmão Charles com dom Guérin, o bispo do Saara, na frente de seu eremitério em Bêni Abbês.

Será que Foucauld é um homem instável? Havia quem afirmasse isso. Na realidade, esse homem que vive constantemente numa busca de um "alhures" e de um "sempre adiante" é um puro-sangue que dispara à menor pressão dos acontecimentos. "Estou sempre pronto", "vivo de um dia para o outro". "Faço o que considero o melhor, conforme as circunstâncias." "Vamos logo para onde podemos ir. Quando se abrem portas em outras partes, vamos lá. Basta a cada dia seu próprio fardo. Façamos o que é melhor no momento presente". Foucauld incorpora uma mistura extrema e explosiva de uma observação constante das circunstâncias e de uma tensão produzida por um projeto sempre presente no mais profundo de seu coração.

Sozinho no Hoggar

Agora, ele é um nômade a caminho para o sul, um irmão mendicante que pede a amizade daqueles que encontra pelo caminho. No dia 2 de fevereiro, chegando a Adrar, Laperrine o informa que os tuaregues do Hoggar teriam acabado de se submeter à França. Laperrine planeja uma viagem pelo Hoggar e quer chegar até Timbuktu. Ele pede que Foucauld o acompanhe.

Utilizando os mesmos procedimentos metódicos como antes na exploração de Marrocos, Foucauld procura o melhor lugar para aprender a língua dos tuaregues, e ele começa a estudá-la desde os primeiros inícios. Laperrine está disposto, como ele diz, a "desvincular" Foucauld e fazê-lo "o primeiro pároco do Hoggar". Foucauld espera que todos os encontros iminentes sejam de grande valor e que ele receba muito das pessoas que encontrar pelo caminho. "Fazer contato, fazer conhecidos, é uma grande graça de Jesus".

Em pleno sul, a tropa de Laperrine encontra uma tropa francesa, que vem ao seu encontro de Timbuktu. Foucauld rapidamente compreende a situação: estes soldados fazem *"blitz"*, ou seja, onde eles chegam, saqueiam, pilham, maltratam e roubam. "A cada momento ficamos sabendo de novos atos de violência. Passo vergonha, diante dos tuaregues, por causa dos assaltos e saques deles". "Não quero compactuar com estas infâmias", diz Foucauld, que considera a injustiça das injustiças e que denuncia, em suas cartas, os nomes dos oficiais responsáveis e os chama de "pilhadores, bandidos e piratas". Ele descreve a dom Guérin seu receio de que os tuaregues não façam diferença entre "soldados e sacerdotes". "Será que eles ainda poderão reconhecer em nós servidores

General Laperrine, que encorajou seu amigo Charles a fazer contato com os tuaregues.

de Deus, mensageiros da paz, soldados do amor, irmãos universais?"

Foucauld está decidido a deixar a tropa de Laperrine e a viver sozinho no meio dos tuaregues: "Passarei ali sozinho por um certo tempo, para poder fazer contato [...]. Durante quanto tempo permanecerei assim no meio de nossos irmãos? Tanto quanto Jesus me indicar".

Foucauld viaja pelo deserto durante cinco meses. Sua vocação, como ele diz, "não mudou: ser tão pequeno e pobre como Jesus de Nazaré", "em caso de dúvida orientar-se naquilo que fazia Jesus de Nazaré". Ele quer estabelecer uma fraternidade na terra dos Tuaregues, conforme as mesmas perspectivas: "Jesus em Nazaré: oração, trabalho, hospitalidade, esses são sempre os objetivos essenciais da Fraternidade".

Onde poderá estabelecer a Fraternidade? Também para isso valem os mesmos princípios: ele reflete sobre a possibilidade de estabelecer-se em Abalessa, "no coração de toda a terra dos tuaregues", "na feira principal para onde todos vêm". Porém, nesse lugar central, ele pretende construir sua Fraternidade "um pouco afastada", "para ter, ao mesmo tempo, o silêncio de um abrigo e a proximidade das pessoas". Como escreve ao padre Huvelin, ele aspira mostrar a todos "que nossa religião é toda amor, toda fraternidade, que seu sinal é um coração".

Mal faz um ano que ele começou a estudar a língua dos tuaregues, e ele o fazia "dia e noite", com todas as suas forças; e, finalmente, no dia 17 de agosto de 1904, ele pode escrever a seu bispo dizendo que terminou a tradução em tamashek, a língua dos tuaregues, dos quatro evangelhos.

Ele considera essa língua "muito fácil, cem vezes mais fácil do que o árabe".

Em janeiro de 1905, ele volta a Bêni Abbês. Para ele, nada está claro quanto ao futuro. Dom Guérin lhe ordena aguardar: "Continuo estudando o tamashek e estou pronto para voltar imediatamente ao Hoggar". Então lhe chegam notícias de Marrocos, e ele se pergunta se isso não seria um sinal que o chama para esse país.

Mussa Ag Amastane, amenokal ("chefe") dos tuaregues no Hoggar. Charles ganha a simpatia e amizade deste importante homem.

Em abril, Foucauld recebe uma carta urgente de Laperrine, convidando-o para passar o verão no Hoggar. Dom Guérin e o padre Huvelin concordam. Ele parte no início de maio: "A vida de Nazaré acontecerá conforme as circunstâncias, como em Bêni Abbês, junto aos tuaregues ou em outros lugares. São as circunstâncias que a determinam". Na viagem para o Hoggar, ele sofre, em silêncio, a zombaria de um funcionário dos correios. Na tropa encontram-se também alguns jovens exploradores: eles admiram sua "paixão extraordinária pelo deserto" e seu gosto pela solidão. "Entre nós, a gente o chamou de um homem que sempre pensa que está perdendo uma chance". Foucauld, imperturbável, prossegue em seu caminho. "Ser amigo de todos, dos bons e dos maus", escreve em suas anotações.

Irmão Charles no eremitério de Tamanrásset.

Em junho, eles encontram o chefe dos tuaregues do Hoggar, o *amenokal* Mussa Ag Amastane. Foucauld lhe é apresentado como "um marabuto, servidor do Deus único", que deseja estudar a língua e costumes dos tuaregues. Foucauld pede a hospitalidade dele. Finalmente é decidido que ele pode se estabelecer em Tamanrásset, um povoado com vinte casas, no coração do Hoggar. Foucauld concorda, porque é um "lugar solitário", onde não haverá jamais, ou pelo menos por muito tempo, nem "guarnição, nem telégrafo, nem europeus".

Um tuaregue entre tuaregues

Um membro da tropa de Laperrine descreve Charles de Foucauld, este homem de quarenta e sete anos, que permanecerá para o resto de sua vida — ainda onze anos — no Hoggar, da seguinte maneira:

> Eu o vejo novamente diante de mim, a cabeça coberta com uma espécie de gorro de linho branco, com um tipo de cobre-nuca, numa *gandura* ("túnica" em árabe magrebino) que levava o sinal do Sagrado Coração, de pano vermelho-sangue, no cinto um terço de contas grossas. Embora emagrecido pelas privações e a vida no Saara, ele era resistente e forte, preparado pela escola dura do deserto. O rosto emagrecido, emoldurado por uma barba bem aparada e rala, estava marcado pelo olhar intenso de seus olhos fundos, que expressavam simultaneamente suavidade e firmeza decidida. Pouco loquaz, muitas vezes mergulhado em seus pensamentos, raras vezes se animava nas conversas superficiais. Quase nunca falou de Marrocos e de sua vida pessoal pregressa, da França. No entanto, ele não era nem mal-humorado nem inibido, e gostava de rir das brincadeiras de Laperrine [...]. Nas nossas viagens, durante meses a fio, os três ou quatro franceses comiam juntos a comida da cozinha coletiva: cuscuz de painço ou arroz, carne de caça e um pouco de água fervida, sempre o

mesmo cardápio. Cada um levava seu copo de alumínio e seu prato esmaltado lascado; todo mundo sentava no chão, de pernas cruzadas, e conversava sobre o Saara, os tuaregues, os mapas etc. O padre comia com um apetite sadio e em silêncio. Quando se formava alguma tensão, ele a esperava estourar e depois dizia uma palavra final que acalmava tudo.

Em Tamanrásset, onde Foucauld está sozinho desde o início de setembro, ele continua seus estudos do tamashek. "Estou sobrecarregado de trabalho, querendo terminar o mais rápido possível o dicionário Tuaregue-Francês, Francês-Tuaregue". "Trabalho pouco com as mãos e gostaria tanto de fazê-lo. Mas sou ao mesmo tempo monge, sacerdote, sacristão, missionário, e ainda mais urgente é, nesse momento, que eu aprenda os elementos básicos da língua deste povo". No dia 22 de julho ele escreveu em seu diário: "Vive como se tivesses de permanecer sempre sozinho". Não aparece nenhum companheiro no horizonte.

Ele quer participar da vida desse povo: "Entre esta gente, que matou meu amigo Morès, sou o vingador que compensa o mal com o bem". "É bom viver sozinho neste país: assim a gente consegue algo sem fazer muito, porque se torna um nativo".

O jovem chefe dos tuaregues — ele tem trinta e cinco anos —, Mussa Ag Amastane, costuma visitá-lo. Eles têm conversas longas, cada vez mais amigáveis.

As notas que Foucauld deixou mostram que ele estava convencido, em primeiro lugar e antes de mais nada, da bênção da "educação". Quer combater o analfabetismo. Para ele, saber e fé, progresso e fé, não se opõem, muito ao contrário. "Cada ciência aumenta as forças do espírito, e compreendemos tanto melhor a vontade de Deus quanto

Uma página do manuscrito do dicionário Tuaregue-Francês que irmão Charles elaborou em Tamanrásset. Ele recolheu e registrou por escrito também mais de seis mil versos da poesia tuaregue, transmitida somente pela tradição oral.

Dassine, a poetisa do Hoggar, aqui ao lado de seu marido, um tuaregue nobre, ofereceu ajuda preciosa a irmão Charles, em seus estudos da língua tuaregue.

melhor o nosso espírito se desenvolve". "Quanto mais se sabe, tanto mais se ama".

Portanto, Foucauld urge Mussa a fazer algo para a educação de seu povo. O segundo conselho se refere ao trabalho — os tuaregues nobres estão acostumados a deixá-lo para os escravos. O terceiro conselho se refere à família; entre os tuaregues, a mulher desfruta de grande liberdade e há muitos divórcios. Foucauld tenta principalmente convencer Mussa de que, na vida dele, a busca do bem comum deve vir antes dos "interesses pessoais".

Para ele, os tuaregues não são "selvagens", e ele acusa os europeus de modo veemente por deixarem de cuidar de uma tarefa verdadeiramente humana em suas colônias: "Nossas nações civilizadas — entre as quais há muitos selvagens,

A primeira cabana que irmão Charles levantou em agosto de 1905 em Tamanrásset, no coração do Hoggar.

a saber, muitas pessoas que ignoram as verdades mais simples e primárias e que são tão violentas como os tuaregues — contraem uma grande culpa ao não proporcionar a esses países atrasados a iluminação merecida e ao não difundir o bem, a educação, as leis da paz. Isso seria tão fácil, mas elas se desgastam em estupidezes ou em guerras ou em brigas absurdas".

Ele gostaria que cristãos bons e simples viessem viver no Saara, pequenos comerciantes que, em vez de serem "comerciantes de álcool — é uma vergonha" —, deveriam vender artigos da vida cotidiana a preços razoáveis. Desejaria também que viessem "irmãs leigas" dispostas a se sacrificarem no Saara "sem o nome nem o hábito de uma freira, mas com a autenticidade, a verdade e o espírito da vida religiosa".

No verão de 1907, Foucauld chega ao fim de suas forças, até pensa que tivessem chegado seus últimos dias. Ele tem depressões, sente-se inútil: "Estou marchando sem avançar, sem realizar coisa alguma". Não fundou a congregação que queria estabelecer, não tem ninguém consigo, ninguém parece querer assumir o caminho da "vida de Nazaré". Nos meses seguintes, seu cansaço aumenta ainda mais. Ele está sozinho e, como não tem um coroinha, não pode celebrar a eucaristia, o que lhe faz grande falta. Uma dúvida severa toma conta dele: "Será que a minha presença aqui causa algum bem?", escreve no dia 18 de novembro de 1907. "O contato com os nativos desperta confiança, torna-os acessíveis, faz desaparecer seus preconceitos, suas desconfianças. Mas tudo isso demora muito, e quase não dá em nada [...]. Custa não ficar triste diante de tamanho mal que reina em toda parte, da escassez do bem, dos inimigos de Deus que operam com tanto zelo, e de seus amigos que se mostram tão relutantes. Diante de tudo isso, a gente se sente miserável, mesmo depois de tantas graças".

O Natal está chegando: "Sem missa hoje. Até o último minuto tive a esperança de que alguém viria [...]. Faz mais de três meses que não recebo nenhuma carta. Sem Missa do Galo, pela primeira vez em vinte e um anos".

Esse Natal de 1907 é uma data importante na vida de irmão Charles. É sua noite escura. Não é somente seu fracasso pessoal que o atormenta, mas também a situação geral. Ele descreve suas observações numa carta ao padre Huvelin:

Ao longo dos anos, irmão Charles transformou e ampliou várias vezes o eremitério de Tamanrásset.

Neste imenso império colonial, conquistado em poucos anos, que poderia ser uma fonte de tantos bens para estes povos atrasados, há somente avidez, violência sem nenhuma preocupação com o bem das pessoas [...]. Em nossa Argélia, nada se faz, literalmente, pelos nativos. A maioria dos civis procura tão-só aumentar artificialmente as necessidades dos nativos para tirar deles lucros sempre maiores; eles procuram unicamente sua própria vantagem. Os militares administram os nativos, deixando-os nos costumes antigos, sem se preocuparem seriamente com progressos [...]. Desse modo temos aqui, há mais de sessenta anos, mais de três milhões de muçulmanos em prol de cujo progresso moral não se faz nada. Um milhão de europeus na Argélia vive completamente separado deles, sem se relacionar com eles, em total ignorância de tudo que concerne aos nativos, e sem nenhum contato mais próximo com eles. São considerados estrangeiros e na maioria das vezes como inimigos.

Ele suplica ao padre Huvelin que faça alguma coisa, pede-lhe para procurar um grande escritor que possa denunciar as práticas correntes dos franceses na África:

Que o senhor acredite em seu filho que já se tornou quase um ancião e que vive em meio de misérias infinitas, contra as quais não se faz nada e não se quer fazer nada. Embora se pudesse e se devesse fazer tanto bem, se faz o contrário, se piora o estado moral e intelectual tão lamentável destes povos, percebendo neles somente um meio para juntar lucros materiais. O que os nativos observam em nós, cristãos, que professamos uma religião de amor, o que eles observam nos franceses não crentes, que propagam fraternidade de todos os telhados, é negligência ou ambição ou ganância, e infelizmente, em quase todos, indiferença, aversão e rigidez.

Estando no fim de suas forças, fica gravemente doente no dia 20 de janeiro de 1908. Mas os tuaregues lhe levam leite, embora faça há tempo uma grande seca, e o salvam. No dia 31 de janeiro, ele fica sabendo que os Padres Brancos conseguiram a permissão papal para ele celebrar a missa sem acólito. Alegria imensa. Ele cria nova esperança; pouco importa "se talvez séculos separem as primeiros enxadadas da colheita"; ele aceita isso. Foucauld continua preparando os caminhos do Senhor, mas se recusa a imitar a vida pública de Jesus. "Anunciar Jesus aos tuaregues — não acredito que é isso que Jesus quer, nem de mim, nem de ninguém. Isso só atrasaria e não apressaria a conversão deles. Isso geraria desconfiança entre eles e os afastaria". Foucauld é um homem de grande delicadeza: "As pessoas vêm me ver; a gente fica se conhecendo pouco a pouco, à medida que cada qual o deseja, sem que me acusem de indiscrição".

Irmão Charles em Tamanrásset.

CAPÍTULO 7

VIVER

Volta ao Evangelho

Em 1908, Foucauld faz cinqüenta anos:

Minha missão deve ser o apostolado da bondade. A meu ver, deverão dizer: "Já que este homem é tão bom, também sua religião deve ser boa". Se alguém me perguntar por que eu sou manso e bom, deverei responder: "Porque eu sou o servidor de um outro que é muito melhor do que eu. Se você soubesse como é bom o meu Mestre Jesus!". Quero ser tão bom que possam dizer de mim: "Se o servidor é assim, como não será o Mestre!".

Ele propõe a seus correspondentes sempre a mesma proposta: "Volta ao Evangelho". Porém, nesse Evangelho não há nada de triste: "Ser humano, compassivo e sempre alegre. Deve-se sobretudo sorrir sempre, mesmo para dizer as coisas mais simples", declara ele a um médico que passa algumas semanas no Hoggar. "Como o senhor vê, eu rio sempre, mostro meus dentes feios. Esse sorriso desperta um bom humor em quem está falando comigo". O médico testemunhará mais tarde sobre irmão Charles: "Muito ao contrário de certas pessoas famosas, o padre de Foucauld crescia sem medida quando a gente se encontrava com ele, todos os dias e de perto". Em 1910, Mussa Ag Amastane é convidado para ir à França. A viagem tem a finalidade de aumentar seu prestígio. Mussa visita também a Senhora de Blic, irmã de irmão Charles, e depois escreve a Foucauld: "Vi sua irmã e fiquei dois dias na casa dela; visitei a casa e os jardins; mas você, você está em Tamanrásset como um *meskin*". Um *meskin* é alguém sem nada, um pobre, um miserável.

Em 1910, Laperrin volta à França. Além disso, Foucauld perde tanto o padre Huvelin quanto dom Guérin. Este último morre com apenas trinta e sete anos, esgotado pelas fadigas da vida dura que tinha assumido. Foucauld tinha depositado muita esperança em seu bispo; na falta da congregação com a qual sonhava, ele podia ter ajudado a fundar uma pequena associação de irmãos e irmãs, de padres e leigos no espírito da vida de Nazaré. Para estabelecer essa associação, Foucaud tinha estado em Paris, no ano anterior, de janeiro a fevereiro de 1909, e novamente em 1911 e em 1913. Entre os amigos com os quais celebrou a missa em Santo Agostinho, em 1913, estava Louis Massignon, um orientalista jovem muito bem preparado. Foucauld tinha esperanças de que o jovem viesse morar com ele em Tamanrásset e que ficasse.

Na viagem à França em 1913, Foucauld leva um jovem tuaregue de vinte e um anos, Uksem, para mostrar-lhe tudo e para instruí-lo.

Durante essa estada — sua última na França — Foucauld escreve *Anotações sobre a escravidão no Hoggar*. Ele indica como realizar "a atenuação gradativa da escravidão e sua abolição final".

Ele está sempre cheio de projetos: por exemplo, dá os primeiros passos para que jovens cientistas dediquem alguns anos de sua vida ao estudo do Hoggar, para que jovens professores venham "fundar uma escola franco-tuaregue".

Mas, sobretudo, ele tenta tornar conhecida sua Associação, cujos estatutos já fixou por escrito na Páscoa de 1908.

Uma carta de irmão Charles ao padre Jerônimo, trapista.

Trata-se de convidar para o meio dos tuaregues em particular, mas também para todos os países, cristãos de todas as profissões, agricultores, comerciantes, artesãos, que querem "voltar ao Evangelho" e, especialmente, levar a vida de Nazaré. "Odiando o mal, amarão as pessoas. Evitarão processos, 'não brigarão diante dos tribunais', mas preferirão ceder seus direitos ao disputar, 'aceitarão injúrias', 'suportarão fraude', em memória tanto das palavras de seu Mestre Divino: 'Eu vos envio como ovelhas entre lobos', como do exemplo dele, ele que permitiu ser levado 'como uma ovelha para a morte'

*O chefe tuaregue Uksem,
a quem Charles de Foucauld apoiou de modo especial
e também levou consigo durante uma viagem à França.*

e 'como uma ovelha diante daquele que a tosquia'. Sempre terão diante dos olhos que todos os seres humanos são os filhos e filhas do Pai no céu, que, como um bom pai, quer ver a união em sua grande família humana: 'Vós todos sois irmãos, tendes um único Pai, aquele nos céus'. Quando as pessoas se mostram agressivas e injustas, vamos ceder enquanto se trata somente de bens materiais e enquanto é possível sem lesão da justiça e sem detrimento para as almas."

Foucauld, que era um órfão e um convertido, que reencontrou uma família e a fé, percebe todas as pessoas sem fé como "os órfãos e filhos abandonados" aos quais se deve dar novamente um Pai, como aconteceu com ele, graças à bondade de sua prima e do padre Huvelin. Seu método é o contrário da ação de conquista, no qual as massas são levadas à Igreja, com o zelo de um proselitismo triunfante. Trata-se de amar essas pessoas sem fé, assim como são, sem nada exigir; dessa maneira poderão, talvez, um dia compreender o coração do Deus-Pai. Para Foucauld, isso está totalmente claro.

O programa dos membros dessa Associação será: "Amor por amor, bondade por bondade". "Cheio de amor ardente para com os irmãos, entrar em contato com eles, tornar-se seus amigos; amá-los primeiro e ganhar o amor deles, conduzi-los à virtude. E da virtude e da boa vontade, à verdade".

É preciso viver um amor que está sempre pronto para a entrega. "Considerar cada ser humano como seu irmão bem-amado." "Rejeição de qualquer método violento: banir o espírito militarista (agressivo). Jesus nos ensinou a ir 'como cordeiros para o meio de lobos', e a não falar com rudeza e dureza, não injuriar, não tomar as armas". Mas como chegar

Em 1916, Charles construiu, a um quilômetro do seu antigo eremitério de Tamanrásset, um refúgio fortificado para a população dos arredores. Os muros deste último domicílio do eremita têm uma largura de dois metros e uma altura de quase oito. Uma única porta, ao lado sul, dava acesso ao interior, onde foi também cavado um poço.

a viver dessa maneira? "Ler e reler sem cessar o Evangelho, para ter sempre diante dos olhos os atos, as palavras, os pensamentos de Jesus, a fim de pensar, falar e agir como Jesus". Será que isso não é uma ousadia impossível? "A aplicação é difícil porque toca as coisas fundamentais, o mais íntimo da alma, e porque exige tudo. Mas dificuldades não existem para deter o que começou: pelo contrário, quanto maiores são, tanto mais é preciso ir à obra com grande pressa e trabalhar

*Pátio interior do eremitério de Tamanrásset,
construído como refúgio fortificado.*

Túmulo de irmão Charles de Foucauld em El Gólea, para onde os Padres Brancos trasladaram seus restos mortais, primeiramente enterrados numa sepultura em Tamanrásset.

nela com todas as próprias forças. Deus sempre ajuda aos que lhe servem. Deus jamais falta ao ser humano: é o ser humano que tantas vezes falta a Deus".

Em 1910, através de dom Guérin, que faleceu em seguida, Foucauld tinha enviado a Roma os estatutos de sua Associação, para a aprovação. Jamais recebeu resposta. Em agosto de 1914, segundo um antigo conselho do padre Huvelin, de ir à França de dois em dois anos, ele começou a planejar uma nova viagem no início de 1915, para fazer avançar a Associação.

Um sacerdote de Lião, o padre Crozier, procura divulgar as idéias de Foucauld, para encontrar auxiliares que, em bondade verdadeira e real militância cultural, se colocassem à disposição de todos. Como Priscila e seu esposo Áquila certo dia tinham prestado grandes serviços ao apóstolo Paulo, precisa-se de cristãos que atuem da mesma maneira, humildes, e, ao mesmo tempo, realistas. Foucauld não se cansa de pensar na Associação; continuamente trabalha nos estatutos dela, simplificando-os para que sejam de mais fácil compreensão. A guerra o impede de viajar à França, mas ele queria ir para lá depois do restabelecimento da paz, para estabelecer sua Associação, que considerava urgentemente necessária. Dois meses antes de sua morte, ele escreve longamente sobre a grande urgência das Priscilas e dos Áquilas, "sua atuação individual e coletiva". Ele mesmo ficará sozinho, até o fim. Mas até sua solidão, superando todos os regramentos e dificuldades, presenteia-o com uma proximidade cada vez maior de Jesus de Nazaré.

"Se o grão de trigo não morrer..."

O Foucauld do Saara não pára de trabalhar. Prossegue incansavelmente em seus estudos da língua dos tuaregues e seus costumes. Eles o absorverão até sua morte, por até doze horas por dia, num trabalho enorme. As pessoas recitam-lhe provérbios ou poesias, e ele recolhe e registra tudo. Como

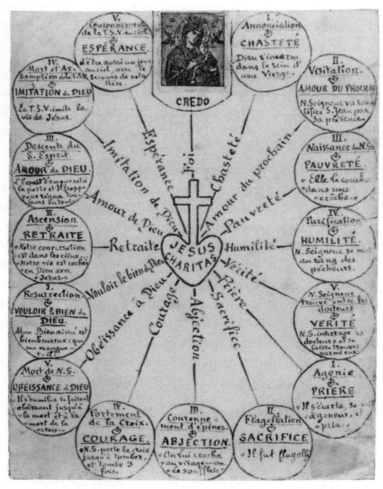

Frente e verso de uma tábua de meditação que irmão Charles confeccionou sobre os mistérios do Rosário.

reconhecem os etnólogos, sem ele, todo esse material teria sido perdido para sempre.

Desde 1910, Foucauld está cada vez mais sozinho em Tamanrásset. Mas, longe de se trancafiar, continua pesquisando e decide penetrar ainda mais nas montanhas do Hoggar, até o Assekrem.

Para ele, o Assekrem, em contraste com Tamanrásset, que é um povoado, é um lugar isolado; mas, ao mesmo tempo, está acima de um desfiladeiro onde passam caravanas. Contudo, Foucauld quer estabelecer-se ali ainda por outra razão: o Assekrem é um lugar extraordinariamente belo: "Aqui, de cima", escreve ele à sua prima, "há uma vista maravilhosa, até fantástica: vê-se daqui um verdadeiro emaranhado de agulhas rochosas selvagens e estranhas". Em outro lugar diz: "A vista é mais bela do que se possa narrar ou imaginar [...]; nada pode transmitir a visão dessa selva de picos e agulhas rochosas que estão sob os meus pés. É uma maravilha".

Certamente, Foucauld quer ir viver no Assekrem por causa da solidão e também por causa da passagem dos nômades. Mas, talvez e sobretudo, era a alegria de viver ali: "Estou em meu castelo das montanhas, como o senhor diz, verdadeiramente encantado com minha residência, a mais bonita no mundo inteiro" (o Assekrem situa-se sessenta quilômetros ao norte de Tamanrásset, numa altura de dois mil e setecentos metros).

A construção fica pronta em julho de 1910: dois quartos e um corredor — o conjunto da casa tem oito metros de comprimento e quatro metros de largura e custou mil e setecentos francos, que ele recebeu de sua prima e do padre Huvelin. Foucauld gostaria de, no futuro, dividir sua vida entre o Assekrem e Tamanrásset. Também em Tamanrásset, ele amplia a casa, chegando a dezesseis metros de comprimento, mas ficando com os quatro metros de largura.

Foucauld está no deserto, num lugar onde é preciso ser forte, forte como os robustos tuaregues. Contudo, o deserto é, ao mesmo tempo, um lugar onde, mais do que em qualquer outro, a pessoa precisa de amigos. Senão, estará perdida. Foucauld experimenta esse paradoxo em si mesmo: ele tem uma pessoalidade forte e ama a solidão; ele é um homem solitário que precisa dos outros, que tem saudade da amizade dos outros. Será que esse homem do deserto não é a prefiguração do homem anônimo que vive no deserto das cidades modernas e de suas massas? Do fundo de seu deserto, Foucauld nos diz que o ser humano precisa da solidão com um ser amado e da amizade com todos, que o ser humano pode viver somente no temor a Deus e na entrega aos outros, na amizade e no respeito aos outros.

Em maio de 1912, Charles vai a camelo até o oásis de Silet, no sul do Hoggar. Ali, ele encontra compatriotas que estudam a possibilidade de construir uma ferrovia transaariana.

Foucauld se interessa vivamente pelos problemas da época. Ele anima insistentemente a realização da ferrovia transaariana: "A construção dessa ferrovia é um de meus desejos mais urgentes". Ele tem um bocado de planos. Em sua mente, o Hoggar se tornaria "uma região de descanso e recuperação bem freqüentada, uma vez construída a ferrovia; aqui o clima é de tempo bom, sem variações, com ar muito seco e saudável, há todas as altitudes entre setecentos e três mil metros, de modo que se pode escolher sempre a temperatura desejada, conforme a altitude". Ele agradece à sua prima por um recorte de jornal que ela lhe enviou: "Grato também pelo artigo sobre a travessia do Saara no avião. Algum dia, isso será provavelmente possível. E até mais facilmente do que pensam aqueles que escreveram o artigo".

Contudo, Foucauld julga a situação também com cautela. Já em 1912, ele prevê que, cinqüenta anos mais tarde, viverão na Argélia, em Marrocos, na Tunísia, no Saara, sessenta milhões de habitantes. "Se esquecermos o mandamento divino do amor ao próximo e a fraternidade, se continuarmos a tratar esses povos como objetos de exploração, a união que nós lhes proporcionamos vai se voltar contra nós e logo no primeiro conflito europeu eles nos jogarão no mar".

Ele continua sendo um explorador; em 1912 escreve: "Nesses países, onde tudo ainda é desconhecido, cada coisa que se fica sabendo deixa entrever um monte de outras que ainda não se sabia; quanto mais se sabe e se vê, tanto maior fica a área daquilo que não se sabe. Essa é a minha experiência a cada dia desde que estou com os tuaregues. E é isso que atrasa infinitamente o término de meus trabalhos, aos quais estou me dedicando há tanto tempo com todas as minhas forças". Foucauld nunca ficará pronto, nunca chegará a um fim. Um ano antes de sua conversão, ele tinha escrito a um de seus amigos, respondendo à sua pergunta: "Definitivo — você sabe como se deve interpretar essa palavra. Nós dois, você e eu, somos muito filósofos para imaginar que possa haver alguma coisa definitiva". Porém, sua fé e seu amor ardente o conduziram, fora dos caminhos pisados por muitos, continuamente rumo à perfeição.

No final de 1912 começam os primeiros distúrbios no Saara. Os turcos, desde que entraram em guerra contra a Itália, fazem grandes esforços para pregar a guerra santa na Líbia inteira, e o Hoggar se encontra logo ao sudoeste da Líbia. Algumas tribos dos tuaregues se aproveitam desses problemas para saques e pilhagens. São expulsos os primeiros franceses que atuam no comércio local. Foucauld escreve a um deles: "A palma da minha mão não consegue ocultar o sol, como o diz um provérbio tuaregue; a verdade terminará chegando à luz do dia [...]. Eu não estou surpreso em absoluto pela inveja e pelas manobras baixas cuja vítima o senhor se tornou. Mas o senhor não fique perturbado por isso [...]. Quem trilha o caminho reto, irrepreensível, continuamente buscando o bem comum e desconsiderando seus interesses próprios, vive na paz interior e na sensação de cumprir seu dever; e isso é a maior felicidade que há sobre a terra [...]".

Foucauld lamenta que a inserção no meio dos nativos não seja desenvolvida suficientemente, que na verdade eles não sejam reconhecidos. "Há trinta e dois anos não deixei mais a África do Norte (sem contar minhas estadas na Turquia asiática, na Armênia e na Terra Santa entre 1890 e 1900); não vejo ninguém, nem oficial, nem missionário, nem colono, que conheça suficientemente os nativos. Eu mesmo conheço mais ou menos meu pedacinho de terra aqui junto aos tuaregues, mas o resto apenas muito superficialmente […]. Há um defeito que precisa ser remediado: os funcionários administrativos, os oficiais e os missionários precisariam de *um contato muito mais estreito* com a população, *de uma estada mais prolongada* no mesmo posto."

Foucauld menciona agora "Nazaré" como exemplo de semelhante enraizamento, e, posteriormente, Laperrine poderá escrever a respeito: "Muitas vezes se pergunta se o padre de Foucauld conseguiu muitas conversões. Não, nenhuma, e mais ainda: nem o tentou. Ele diz que a conversão do povo muçulmano não pode acontecer em poucos anos. Ele simplesmente busca difundir a moral cristã e recomenda-se a todos pela retidão de seu caráter, por sua bondade, pela justiça de seu julgamento e de seu autodespojamento".

Em 1914 começa a guerra; Foucauld olha para Estrasburgo, sua cidade natal, e seus pensamentos se voltam para seus antigos companheiros de armas que estão na linha de frente. Logo, muitos de seus amigos tombarão nos combates. Foucauld se pergunta se não deveria ir à França, como capelão militar ou paramédico. Laperrine lhe ordena permanecer em Tamanrásset. Os italianos se retiraram de Tripolitânia, e o movimento dos senussi, que está em combate com eles (seu centro é o oásis Kufra), infiltra-se em todas as partes do Hoggar.

Há distúrbios entre os tuaregues. Foucauld teme que os saques cresçam. Com a maior urgência termina o refúgio fortificado em Tamanrásset e o transforma em um pequeno forte, para poder acolher nele os *harratin*, os pequenos agricultores, e os escravos que novamente são assaltados pelos saqueadores.

A última foto do Irmãozinho Charles de Jesus, em 1915.

Por causa da guerra não pode mais subir ao Assekrem, embora tenha escrito pouco antes: "É uma verdadeira graça para mim poder viver no Assekrem, com sua natureza tão bela, seu horizonte amplo e seu vento forte". Também isso lhe é negado.

As tensões entre as tribos tuaregues se agravam. Foucauld continua trabalhando pelo progresso da população. Ele deseja uma única coisa: que os nativos alcancem maior bem-estar, desenvolvimento e liberdade. Se tal progresso se realiza com ou sem a França, é, para ele, uma questão secundária. Para ele, o mais importante é a promoção humana e espiritual de seus amigos, os tuaregues. Ele quer que a administração francesa lhes faça justiça. "Nós não lhes fazemos justiça e não permitimos que façam a eles. Há mais de dois anos não receberam indenização alguma pelos roubos, ou com assassinato, cometidos por sujeitos da África Ocidental Francesa, contra os quais registraram muitas vezes queixas junto a nossos oficiais. O total dos camelos que lhes foram roubados, e sobre os quais eles registraram queixas diretamente à autoridade competente — já faz quase dois anos — é de mais de cinqüenta. Até hoje, nenhuma solução foi dada". "Requisitam-se camelos por motivos que não têm nada a ver com o interesse público. Muitas vezes se estipula o preço dos camelos requisitados pelo mero olhar. O resultado é ridículo. Camelos requisitados não recebem os cuidados necessários; morrem nas marchas aceleradas porque não são treinados, e isso sem indenização para o proprietário etc."

Foucauld é amigo e vizinho dos tuaregues que passam. Todos os problemas, preocupações e assuntos deles, sejam materiais ou não, são seus próprios. Eles gostam de falar com ele sobre essas coisas, e ele gosta de escutá-los. Ele aprendeu a língua deles; não se contenta em falá-la precariamente; ele a conhece a fundo, quer pensar "tuaregue" e viver a vida de seus amigos. Ele toma chá e partilha as refeições com eles, em conversa fraterna. Todas as fronteiras estão superadas.

Existe quem queira que Foucauld abandone Tamanrásset, porque a região se tornou perigosa. Mas ele quer permanecer no meio dos *harratin*, dos pequenos agricultores. "Eu transformei meu eremitério em um pequeno forte. Não há nada de novo embaixo do sol. Quando olho para minhas seteiras, penso nos mosteiros e igrejas fortificadas do século X. Como as histórias antigas voltam e como aparece continuamente o que se pensava ter desaparecido para sempre! Foram-me entregues seis caixas de cartuchos e trinta carabinas que me fazem lembrar de nossa juventude", escreve a um oficial amigo. Mas o forte e as armas existem somente para defender os pobres. Aliás, os pobres o compreenderam muito bem; estão do lado de Foucauld: no dia 20 de setembro, um forte alarme mostrou a atitude da população nativa. "Eles se juntaram em torno do oficial que comanda o forte vizinho e em torno de mim, prontos para defender o forte e o eremitério. Essa fidelidade me fez bem, e estou agradecido a essa gente pobre que teria podido fugir para as montanhas, onde não tem nada a temer, e que preferiu se encerrar no forte vizinho e em meu eremitério, embora soubesse que o inimigo tinha canhões e que o bombardeio certamente aconteceria."

Na sexta feira, 1º de dezembro de 1916, depois do cair da noite, quarenta homens armados cercam silenciosamente o eremitério-forte. Foucauld está sozinho. Provavelmente, os senussi querem tomá-lo como refém, nada mais.

Entre eles está El Madani, um *harratin* que Foucauld conhece bem. Mandaram-no chamar Foucauld e atraí-lo para fora. El Madani bate na porta, diz seu nome e avisa a correspondência. Foucauld entreabre a porta e estende a mão. Alguns homens o puxam para fora e mandam ficar de joelhos. Amarram-lhe as mãos aos tornozelos, para poder colocá-lo sobre um camelo. Enquanto os senussi pilham o eremitério, um rapaz de quinze anos vigia Foucauld.

De repente, alguém dá o alarme e chegam homens sobre camelos. O jovem guarda perde a cabeça — será que Foucauld fez algum movimento? —, encosta seu fuzil na cabeça de Foucauld e atira. Tudo acontece muito rápido: apenas quinze minutos passaram entre a chegada dos senussi e a morte de Foucauld.

Foucauld morre no início do século XX, no qual morrerão tantas pessoas, assassinadas como ele, vítimas de todo tipo de conflitos! Ele quis oferecer uma proteção aos pobres. O eremitério-forte e sua personalidade eram uma atração para um grupo de homens que procuraram um refém e armas. Ele morreu como tantas pessoas inocentes que se tornam vítimas de violência sem lei.

Foucauld morreu num país no coração da África, uma parte daquilo que logo mais será chamado Terceiro Mundo: o Terceiro Mundo excluído, não reconhecido pelas nações ricas. Ele quis servir aos povos pobres e ajudar-lhes a encontrar uma existência com dignidade humana.

Foucauld morreu sozinho, no deserto. Ele tinha desejado tanto encontrar companheiros que levassem com ele a vida de Nazaré que almejava teimosamente, que quis realizá-la, incessantemente, com zelo ardente e, ao mesmo tempo, num espírito sóbrio. Ele viveu o Evangelho. Não convenceu apenas com palavras faladas ou escritas, mas sim com atos. Para ele, e esse é o sentido de Nazaré, é mais importante viver o Evangelho do que anunciá-lo. Pois, como seria possível anunciá-lo sem primeiramente vivê-lo?

Não foi sua preocupação elaborar uma determinada "leitura" do Evangelho — a vida é maior que qualquer texto —; ele mesmo foi um Evangelho vivo. Junto com são João, ele exclamou: "Quem não ama é um homicida!". Foi isso que viveu. Ele quis levar a Eucaristia aos pobres. Quando o corpo e o sangue do Ressuscitado não são levados aos "últimos", servem somente para consagrar poderes e dominações. A palavra de Jesus "fazei isto em memória de mim" convida para superar o ódio que é tão fatal. Foucauld quis ser um "irmão universal", de todas as pessoas, ver um irmão em cada ser humano. Morreu solitário, sem nenhum irmão por perto. Morreu como o grão de trigo que cai na terra.

"... mas, se morrer, produzirá muito fruto"

Geralmente, um grão de trigo que cai na terra não dá fruto imediato. Somente um único amigo de Charles de Foucauld, em situação de busca pessoal, é convencido de que um fruto deveria crescer.

Ele articula inicialmente apenas um resto de pessoas das origens mais variadas que se mostraram interessadas na Associação que Foucauld pretendia fundar nos últimos anos de sua vida. Ela devia reunir seus membros em oração e amizade e despertar neles a consciência de que são responsáveis por levar o amor de Jesus às pessoas de perto e de longe, de maneira muito prática. Disso nasceu a atual "União-Fraternidade Charles de Foucauld".

الى حضرة عشيشنا مريم اخت المرحوم فيافل
المراب اهنا عنا الذي فتلوه بلمس جر المخاد عبس
العدا ريس ظن الكمبل موسى ابا مسنا با مفصل
نهجا وسلم على جنده مريم المذكوره كثير
السلام قلف حبس سمعت بموت عبنا اخيك شاغل
طار الضبل وعيني ظلام ويحبز عليه با دمعي
وحزنت على موته الحزن الكبير وحظي
موته الكثر مني واذ كنت بعيد من
الموضع الذي فتلوه فيه اك السراق
المخادعيس الفدا ريس بعد فتلوه ج هيل
وانا ادعا ولكس ان شا الله داك
الناس الذ فتلوا المراب فتلوهم
حتى خلصوا جاره وسلمح منح على ابنايك
وعلى زوجك وعشيرتك كثير السلام
وفول لهم شاغل مراب مامات عليكم
وحدكم مامات علينا كلنا والله يرحمه
وبدا فيدخله الجنه والسع ج بيوح عشريس
ج شهر الله صفر ج س سرس

Carta de condolências do amenokal *(chefe) dos tuaregues,
dirigida a Marie de Blic, irmã de Charles de Foucauld.*

Mais tarde, a partir de 1921, a biografia de Foucauld, escrita pelo famoso escritor René Bazin, se torna um elemento importante para algumas pessoas encontrarem sua vocação. Imitadores isolados, por exemplo, foram Albert Peyriguère e Michel Lafon. As pessoas mais conhecidas são Magdeleine Hutin, que, já doente, fundou em 1939 no Saara as "Irmãzinhas de Jesus" e depois as difundiu pelo mundo inteiro, e René Voillaume, que encontrou, enquanto estudante de teologia, o esboço da Regra de irmão Charles e que fundou junto com alguns amigos, já em 1933, os "Irmãozinhos de Jesus". Os dois ficaram sabendo um do outro somente mais tarde e se ajudaram mutuamente a desenvolver uma forma de vida religiosa totalmente nova, antes do Concílio verdadeiramente revolucionário na Igreja, "em meio ao mundo" dos nômades, dos operários, das pessoas "à margem". Logo mais aconteceram outras fundações, por exemplo, de mulheres, de pessoas leigas de qualquer estado de vida, de sacerdotes diocesanos. A maioria delas é hoje divulgada mundialmente. A *Association Famille Spirituelle Charles de Foucauld* (Associação da Família Espiritual de Charles de Foucauld), mantêm um bom contato entre si.

Para os interessados, há vários sites:

- em francês, inglês, espanhol, alemão, italiano, holandês: www.charlesdefoucauld.org

- em alemão: www.charlesdefoucauld.de

- das comunidades espanholas: www.Charlesdefoucauld.org

- das comunidades britânicas: www.jesuscaritas.info

- das comunidades polonesas: foucauld.w.interia.pl

No Brasil há duas Fraternidades:

- Irmãzinhas de Jesus na Aldeia Tapirapé, Prelazia de São Félix do Araguaia (MT).

- Irmãozinhos de Jesus em João Pessoa (PB):
Rua Jornalista José do Patrocínio, 65
Bairro Alto do Céu — Mandacaru
CEP: 58027-190

ANEXOS

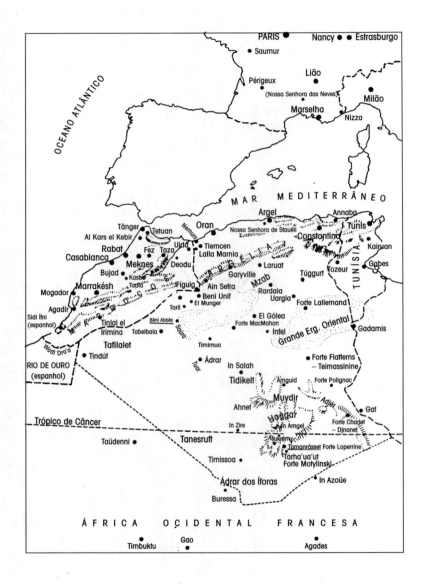

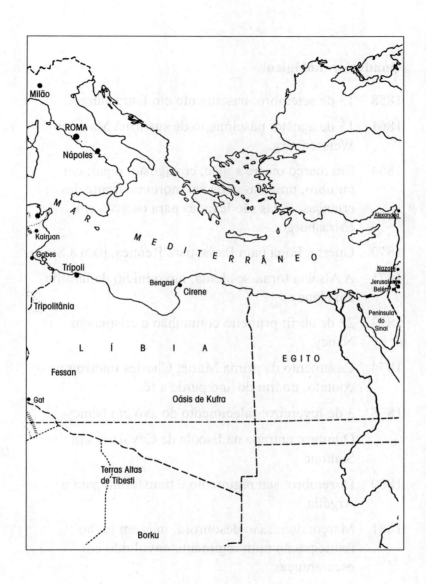

Quadro cronológico

1858   15 de setembro: nascimento em Estrasburgo.

1861   13 de agosto: nascimento de sua irmã Marie em Weissenburg.

1864   Em março morre a mãe, em agosto, o pai; em outubro, uma das avós cai morta na frente das crianças. Estas são levadas para os avós em Estrasburgo.

1870   Guerra. Fuga para Paris, para Rennes, para a Suíça.

1871   A Alsácia torna-se alemã; novo início da família em Nancy.

1872   28 de abril: primeira comunhão e crisma em Nancy.

1874   Casamento da prima Marie; Charles interrompe o contato; no fim do ano perde a fé.

1878   3 de fevereiro: falecimento do avô em Nancy.

Outubro: entrada na Escola de Cavalaria em Saumur.

1880   Dezembro: seu regimento é transferido para a Argélia.

1881   Março: demissão desonrosa, mas em junho reintegração num regimento envolvido em escaramuças.

1882   Janeiro: demissão; preparação da exploração de Marrocos.

1883	Desde junho: onze meses em Marrocos.
1885	Medalha de ouro da Sociedade Geográfica.
1886	Fim de outubro: confissão e comunhão, nova fé, acompanhamento pelo padre Huvelin.
1888	Peregrinação à Terra Santa; Nazaré.
1890	Meados de janeiro: trapista, primeiramente na França, depois na Síria.
1893	Primeiras idéias de uma fundação própria.
1897	Janeiro: reconhecimento de sua vocação "de Nazaré".
	Desde março: empregado doméstico das clarissas em Nazaré.
1900	Abril: tentativa de comprar a Montanha das Bem-Aventuranças.
	Agosto: volta súbita à França.
1901	9 de junho: ordenação sacerdotal em Viviers (sul da França).
	28 de outubro: chegada a Bêni Abbês, perto de Marrocos.
1904	Um ano de viagens no Saara, acompanhando tropas de exploração.
1905	Agosto: residência entre os tuaregues em Tamanrásset.
1906	Desde novembro: viagens por seis meses; procura de um irmão: quem possibilitará a celebração da missa?

1908	Janeiro: doença grave, salvo pelos tuaregues. Dezembro (até março de 1909): primeira viagem à França para encontrar companheiros; depois, novamente Tamanrásset.
1911	Novamente quatro meses na França, com o mesmo objetivo.
1913	Cinco meses na França, com o jovem tuaregue Uksem; formas mais definidas para uma associação de amigos.
1915	Janeiro: revoltas no sul da Tripolitânia.
1916	Os senussi procuram combater influências alheias, desde a Tripolitânia; primeiros assaltos por marroquinos; construção de um forte de refúgio, *bordj*. Setembro: irmão Charles se muda para lá. 28 de novembro: encerramento de importantes trabalhos filológicos. 1º de dezembro (Sexta-feira do Sagrado Coração de Jesus): assalto ao *bordj*; Irmão Charles morre baleado.
1927	Os Padres Brancos do Saara abrem um processo com fins de beatificação; a coleta de depoimentos de testemunhas e de escritos é demorada; a Segunda Guerra Mundial e depois os conflitos em torno da independência da Argélia atrasam os andamentos.
1967	Depois do Concílio Vaticano II, retomada do processo, em Roma.

1979   Pedido de verificações complementares, também sobre as circunstâncias de sua morte.

1995   Apresentação do relatório solicitado em 2000, reconhecido unanimemente por uma comissão de teólogos especialmente constituída e, em 2001, também pelo papa.

2005   Domingo de Pentecostes, 15 de maio: data prevista da beatificação pelo papa João Paulo II, que faleceu em 2 de abril de 2005.

Domingo, 13 de novembro: beatificação pelo papa Bento XVI.

INDICAÇÕES DE LITERATURA E FONTES

Charles de Foucauld: Ecrits spirituels. Edição completa de dezessete volumes, com notas e prefácios na segunda edição de Maurice Bouvier. Paris, Nouvelle Cité.

Literatura importante

Em alemão

AMSTUTZ, Josef. *Missionarische Präsenz:* Charles de Foucauld in der Sahara. Immensee, 1997. (Neue Zeitschrift für Missionswissenschaft, 35.)

ANNIE DE JÉSUS. *Charles de Foucauld:* auf den Spuren Jesu von Nazaret. München, 2004.

ASI, Emmanuel. *Das menschliche Antlitz Gottes in Nazaret:* eine Nazaret-Spiritualität, herausgegeben von den Gemeinschaften Charles de Foucauld in Deustschland. Kempen, 1999.

CARETTO, Carlo: todos os livros dele.

DAIKER, Angelika. *Kontemplativ mitten in der Welt:* die Kleinen Schwestern Jesu — Frauen im Spannungsfeld von Mystik und Politik. Freiburg, 1992.

FOUCAULD, Charles de. *Aufzeichnungen und Briefe.* Freiburg, 1962. (Organizado por J.-F. Six.)

_____. *Briefe an Madame de Bondy:* von La Trappe nach Tamanrásset. München, 1976.

FOUCAULD, Charles de. *Der letzte Platz:* Aufzeichnungen und Briefe. Einsiedeln, 1957.

GRESHAKE, Gisbert. Die Spiritualität von Nazaret. *Internationale katholische Zeitschrift Communio* (Jan./Fev. 2004). (Aqui outras contribuições sobre a espiritualidade de Charles de Foucauld.)

HOFFMANN-HERREROS, Johann. *Charles de Foucauld:* der Zukunft auf der Spur. Mainz, 1988. (Topos Taschenbücher 182.)

KLEINE SCHWESTER MAGDELEINE DE JÉSUS. *Von der Sahara in die ganze Welt:* die Kleinen Schwestern Jesu auf den Spuren des Bruder Karl von Jesus. München, 1984.

RINTELEN, Jürgen. *Der das Leben suchte.* Die vielen Schritte des Charles de Foucauld. Würzburg, 2005.

SIX, Jean-François. *Charles de Foucauld, Bruder aller Menschen.* 3. ed. Freiburg, 1981.

_____. *Abenteurer der Liebe Gottes:* 80 unveröffentlichte Briefe von Charles de Foucauld an Louis Massignon, bearbeitet und eingeleitet von Gisbert Greshake. Würzburg, 1998. Edição francesa: *L'aventure de l'amour de Dieu.* Paris: 1993.

TREFFER, Gerd A. *Charles de Foucauld begegnen.* Augsburg, 2000.

Em francês

ABBAYE NOTRE DAME DES NEIGES. *Charles de Foucauld:* "Cette chère dernière place", correspondance présentée par A. Robert et P. Sourisseau. Paris, 1991.

BAZIN, René. *Charles de Foucauld, Explorateur du Maroc, ermite au Sahara*. Paris, 1921.

CASTILLON DU PERRON, Marguerite. *Charles de Foucauld*. Paris, 1982.

CHATELARD, Antoine. *Charles de Foucauld:* le chemin vers Tamanrásset. Paris, 2002.

CHATELARD, Antoine. *La mort de Charles de Foucauld*. Paris, 2000.

FOUCAULD, Charles de. *Carnet de Beni-Abbès 1901-1905*. Paris, 1993.

_____. *Carnet de Tamanrásset 1905-1916*. Paris, 1986.

_____. *"Cette chère dernière place":* lettres a mes frères de la Trappe, édité par l'Abbaye Notre-Dame-des Neiges. Paris, 1991.

_____. *Correspondances sahariennes*. Paris, 1998.

_____. *Lettres à Henry de Castries*. Paris, 1938.

_____. *Lettres à un ami de lycée 1874-1915:* correspondance avec Gabriel Tourdes. Paris, 1982.

_____. *Règlements et directoire*. Paris, 1995.

_____. *Seul avec Dieu:* retraites à Notre Dame des Neiges et au Sahara. Paris, 1975.

SERPETTE, Maurice. *Foucauld au désert*. Paris, 1997.

WACKENHEIM, Gérard. *Charles de Foucauld enfant*. Honduras/Strasbourg, 2002.

SUMÁRIO

Prefácio 5

CAPÍTULO 1 — Perda 9
    Um órfão que precisa emigrar 9
    A saída do filho pródigo 11
    Uma juventude louca 14

CAPÍTULO 2 — Ruptura 19
    O tiro de efeito moral 19
    A aventura do solitário 21
    Conquistar e dominar-se 23

CAPÍTULO 3 — Encontro 29
    Caminhos interiores 29
    Estoicismo ou fé cristã? 34
    Paciência, paciência 37

CAPÍTULO 4 — Nazaré 41
    O encontro com Nazaré 41
    "Nós não estamos entre os pobres…" 46
    A vida de Nazaré 48
    Em Nazaré 53

CAPÍTULO 5 — Irmão 59
   Sacerdote livre 59
   Irmão universal 62
   Luta contra a escravidão 66
   O exército francês de ocupação 72

CAPÍTULO 6 — Sempre adiante 79
   O chamado do Sul 79
   Sozinho no Hoggar 84
   Um tuaregue entre tuaregues 89

CAPÍTULO 7 — Viver 99
   Volta ao Evangelho 99
   "Se o grão de trigo não morrer..." 107
   "... mas, se morrer, produzirá muito fruto" 119

ANEXOS 123
   Mapas 124/125
   Quadro cronológico 126
   Indicações de literatura e fontes 131
   Literatura importante 131

Impresso na gráfica da
Pia Sociedade Filhas de São Paulo
Via Raposo Tavares, km 19,145
05577-300 - São Paulo, SP - Brasil - 2008